명 상

행복은 그대 안에 놓여 있다

명 상

행복은 그대 안에 놓여 있다

스와미 묵타난다 지음

김병채 옮김

슈리 크리슈나다스 아쉬람

슈리 크리슈나다스 아쉬람에서 발행한 Siddha Yoga 출판물

새 개정판을 감수해 주신 페기 벤디트, 발레리 센저보그,
수실라 트래버스, 패트리샤 스트래턴–올래스키,
산스크리트를 감수해 주신 한스–조지 투어스티그
그리고 디자인을 해 주신 셰럴 크로포드에게 감사를 드립니다.

차 례

서 문

'명상'이란 간단한 제목에서 우리는 저자의 대범함을 엿볼 수 있다. 스와미 묵타난다는 이 책을 명상의 실제를 위한, 혹은 명상의 방법을 가르치기 위한 안내서라고 하지 않았다. 그는 책 제목을 단순히 '명상'이라고 붙였다. 이는 마치 우리에게 모든 영혼에 깃들어 있는 행복을 찾으라고 간곡히 권유하고, 명상하라고 부드럽게 명령하는 것 같다. 이 책은 작을지 모르지만 그 메시지는 거대하다. 이 책은 행복의 비밀로 가는 열쇠를 제공해 줌은 물론, 명상이 어떻게 인간을 가장 높은 의식의 상태로까지 고양시킬 수 있는가를 보여주고 있다.

묵타난다는 모든 인간이 행복을 원한다는 전제로부터 출발한다. 우리는 상황이 호의적일 때는 행복의 희미한 그림자를 감지할 수 있지만, 어려운 시기에는 행복을 유지하기가 어렵다. 나무랄 데 없는 논리와 즐거운 유머를 던지면서, 묵타난다는

"아름다운 그림을 볼 때 당신이 기쁨을 느끼는 곳은 어디인가? 그림 속인가, 아니면 당신 속인가?"라고 묻는다. 그는 모든 좋은 느낌, 모든 행복의 근원은 우리 안에 있음을 보여주고 있다. 또 이 기쁨을 발견하기 위한 방법은 모든 사람의 영혼 속에 존재하고 있는 사랑과 기쁨의 저장고를 발견하는 것이라고 말하고 있다.

스와미 묵타난다는 가장 높은 영적 스승 중 한 분으로, 인도에서 시다(siddha)로 불리는 드문 분이었다. 인도 경전에서는 시다를 '지속적인 사랑의 체험 속에 사는 자'라고 기술하고 있다. 이 내면의 상태는 아트만(åtman) 즉 참나의 성품으로서, 이렇게 불리는 이유는 참나가 시다뿐 아니라 모든 이들의 가장 깊은 본질이라고 생각되기 때문이다.

정신과 의사인 나는 '자기'라고 불리는 내면의 본성에 관한 여러 심리학 이론에 친숙했다. 자기실현은 위대한 목표로 보였다. 그러나 대부분의 동료들과 마찬가지로, 자기실현은 인간 능력 밖에 있는 이상적인 상태일 뿐 실제로는 가능하지 않다고 생각했다. 동양과 서양의 신비적 전통에서 말하는 영혼의 신성한 본질, 가장 높은 참나를 경험하는 것이 가능하다고는 믿지 않았다.

18세기 베단타 교본인 '식별의 보석' 곧 비베카 츄다마니 (Viveka Chūdåmani)에서, 성자 상카라차리야는 "여기 가슴속에

스와미 묵타난다

서, 참나는 한낮의 태양처럼 매혹적인 광채를 발하고 있다."고 적고 있다. 비록 스페인의 신비주의자인 아빌라의 테레사 성녀가 이 글을 읽은 적은 없지만, 그녀 역시 같은 말을 하고 있다. 그녀는 신과 영혼이 결합되는 내면의 장소를 설명하면서, "밝기가 지상의 어떤 빛과도 너무나 다른 빛이 지금 드러나는데, 비교하자면, 태양의 밝기는 그것에 비해 아주 침침한 것으로 보인다."고 기술하고 있다. 이 두 글은 ── 수많은 다른 글도 있지만 ── 문화, 종교, 세기를 초월하여 일치하고 있다. 그것은 모든 인간 의식이 가장 깊은 수준에서는 궁극적으로 일치하고 있음을 지적하고 있다. 참나 안에서, 영혼은 신의 빛과 더불어 빛난다고 한다. 예수는 "신의 왕국은 내면에 있다."고 말한다.

신의 빛을 경험할 수 있는 자유와 행복의 핵이 우리 모두의 내면에 있다고 해도, 문제는 "어떻게 거기에 이르는가?"이다. 묵타난다는 우리에게 간단한 답을 던지고 있다. 명상하라! 명상은 우리 존재의 가장 깊은 곳에 있는 보물에 접근할 수 있는 길이다.

나는 묵타난다에 대하여 듣기 전에도 명상의 효과가 상당하다는 것을 알고 있었기에 명상을 심리치료의 보조 수단으로 사용하고 있었다. 명상하는 사람의 삶은 더욱 이완되고 평화로워지는 경향이 있다. 따라서 명상은 불안과 긴장으로 고통 받는 사람에게 종종 효과적이다. 또한 더욱 창조적이거나 직관적인 마음 상태에 이르기를 원하는 사람에게도 유용하다. 뇌 생리학자

바가완 니티아난다

스와미 묵타난다의 구루

들은 뇌파 기록장치로 측정한 결과, 명상 상태 — 집중의 초점이 외부에서 내면으로 바뀐 상태 — 와 뇌파 파동의 느려짐 사이에 상관관계가 있었다고 말한다. 깊은 잠을 자거나 기분 좋은 공상에 잠겨 있을 때도 뇌파가 느려지며, 직관이나 창조성이 고양될 때도 그러할 수 있다. 이것은 프랜시스 크리크(Francis Crick)가 꿈속에서 디엔에이(DNA)의 구조에 대한 답을 발견한 상태와 같다. 안톤 브루크너(Anton Bruckner)가 자신의 제7번 교향곡의 스케르초 부분이 마음속에 울려 퍼지는 소리를 들으며 잠에서 깼을 때, 앨버트 아인슈타인이 흰 광선을 타고 내려오는 천사들을 상상함으로써 상대성 개념을 도출했을 때도 이런 상태였다. 평화로움, 창조성, 좋은 느낌, 직관, 증가된 집중 능력, 이 모든 것은 명상에서 촉발되고 발달될 수 있는 뇌의 느린 리듬과 연관이 있다.

위와 같은 이야기는 상당히 인상적인 것처럼 보인다. 그러나 묵타난다가 가르친 명상을 접해 보니, 앞에서 서술한 명상의 이점은 아무것도 아닌 것 같았다. 묵타난다는 말한다. "조금 이완하고 약간의 평화를 얻기 위하여 명상하는 것이 아니다. 우리 내면의 존재를 피어나게 하기 위하여 명상한다." 또 명상은 우리의 신성한 본성의 핵심으로, "신이 나의 모습으로 내 안에 거주하고 있다."는 인식으로 데려갈 수 있다고 말한다. 우리 삶의 환경과 독립적으로 있는 진정한 행복이 발견되는 곳은 내면의 가습이다. 이것이 초월의 상태이다.

묵타난다는 인도 경전에서 네 번째 상태 즉 투리야(tur¥ya) 상태로 알려진 초월의 상태에 이르는 것이 명상의 최고 목표라고 말한다. 그리고 자각의 네 가지 상태에 대하여 베단타에서 말하는 구분, 즉 깨어 있는 상태, 꿈꾸는 상태, 깊은 수면의 상태 그리고 초월의 상태를 설명한다. 앞의 세 가지 상태는 최근에 와서 과학 전문가들이 수면, 꿈, 각성의 상태로 기술하고 있는 것과 일치한다. 뇌파 기록장치로 측정된 이 세 가지 상태의 뇌파 패턴은 분명히 차이가 난다. 서구에서는 꿈과 깊은 수면의 구분이 이번 세기에 와서야 확인이 되었지만, 인도의 심리학에서는 이미 수천 년 전에 확인되고 있었다. 고대 현자들은 고도로 조율되고 매우 미묘한 기록의 도구인 참나와 접촉하고 있었다.

묵타난다는 참나가 모든 것들에 대한 영원한 목격자라고 설명한다. 목격하고 있는 의식인 참나와 완전히 일치하고 있을 때, 우리는 자각의 네 번째 상태인 위대한 상태에 있게 된다. 이 상태는 과학적인 도구로는 아직 측정되지 않는 미묘한 상태이다. 묵타난다가 두 번째로 세계 여행을 했던 1974년, 한 뇌파 연구자가 묵타난다를 자신의 실험실로 초청하였다. 그는 참나를 깨달은 존재의 뇌파가 어떠한지를 알고 싶었던 것이다. 묵타난다는 웃으면서 "의식은 너무나 미묘하여 기계로는 포착되지 않습니다. 명상자의 경험을 알고 싶다면, 나의 실험실로 와서 직접 명상해 보셔야 할 것입니다."라고 말하였다. 미묘한 영적 상태, 즉 자각의 네 번째 차원에 있을 때 우리는 다섯 감각이나 그 어떤 형태의 도구로써 확인될 수 있는 수준을 넘어선다. 그러나 묵타난다에 따르면, 스스로 직접 실험을 해 보면 말할 수 없는 기쁨을 경험하기 시작할 것이라고 한다.

묵타난다는 이 책에서 우리에게 직접 실험해 보도록 초대한다. 그는 일련의 명상법을 제공하지는 않는다. 그 대신, 인간의 의지를 늘 초월해 있는 명상이 자연스럽게 일어날 수 있도록 올바른 분위기를 만드는 방법을 보여주고 있다. 그는 네 가지 주된 수행을 통해 이런 분위기를 만들 수 있다고 말한다.

첫 번째 수행은 내면의 대상에 마음의 초점을 맞추는 것이다. 묵타난다는 우리 모두가 하나의 대상이나 과제에 집중할 수 있는 능력을 가지고 있다고 말한다. 명상이 집중과 다른 유일한 차이점은 초점이 안으로 옮겨진다는 것이다. 명상으로 나아가게 하는 것은 이 고요한 마음의 상태이다. 우리는 미간, 가슴, 혹은 아름답거나 신성한 이미지에 집중할 수 있다. 그러나 묵타난다는 다시 한 번 더욱 거대한 도약을 하도록 우리를 초대한다. 내면에 초점을 맞추면 마음이 고요해져서 명상할 수 있도록 준비된다는 것이 사실이지만, "마음은 마음이 명상하는 것과 같이 된다."는 것을 깨달을 때, 다른 말로 하자면, 우리의 마음과 궁극적으로 우리의 삶은 우리가 집중하려고 선택한 것에 의해

지배된다는 것을 깨달을 때 우리는 훨씬 더 깊이 명상에 들어갈 수 있다. 이 사실은 많은 종교 경전에 기록되어 있다. 성서에 다음과 같은 말이 있다. "사람은 마음속으로 생각하는 것 바로 그대로 된다."

마이트리 우파니샤드(Maitr¥ Upanishad)는 그것을 이런 말로 표현하고 있다. 즉 "사람이 무엇을 생각하면, 그는 그렇게 된다." 이후 에밀 꾸(Emile Coue)를 비롯하여 오늘날에 이르기까지, 긍정적인 사고방식을 실천하는 사람들은 이 말이 진실함을 목격하고 있다. 우리는 우리가 명상하는 바로 그것이 되기 때문에, 묵타난다는 내면에 놓여 있는 신성한 본질인 가장 높은 것을 명상하라고 말한다. 그러나 본질상 이성적인 설명으로 단순화할 수 없는 대상에 어떻게 집중할 수 있는가? 묵타난다는 참나가 마음의 목격자라는 점을 이해하라고 말한다. 우리가 꿈을 꾸었다는 것을 아는 것은 참나이며, 나의 마음이라고 말할 때 '나의'가 참나다. 다른 말로 하자면, 참나는 마음 너머에 있는 '나'인 것이다. 이 유리한 지점에서는, 많은 명상가가 불편해 하는 문제인 마음과 싸울 필요가 없다. 우리는 마음을 연민으로 그냥 바라볼 수 있다.

두 번째 수행은 만트라로 알려져 있는 신성한 말의 반복이다. 말에는 다른 사람의 상태에 영향을 미칠 수 있는 힘이 있다는 것을 전에도 알고 있었지만(예를 들어, 우리가 선택한 말을 통하여 다른 사람에게 상처를 주거나 기분 좋게 하기는 얼마나 쉬운가), 특별한 신성한 말에는 더욱 미묘하고 강력한 효과가 있음을 알게 된 것은 최근 들어서였다. 만트라는 우리의 여러 수준에 영향을 미친다. 그것은 최고의 측면 즉 참나에 대한 집중을 증가시키며, 또 그렇게 할 수 있는 간단한 방법이다. "사람은 곧바로 무한한 존재에 집중할 수 없다. 그러나 무한한 존재의 상징에 집중함으로써 무한한 존재 그 자체에 이른다."고 종교 역사학자인 야곱 부르크하르트(Jacob Burkhardt)는 기록하고 있다. 묵타난다가 우리에게 주는 만트라는 '옴 나마 쉬바야'(Om Namah Shivâya)이다. 그것을 좀 자유롭게 해석한다면, "나는 내면에 있는 신을 섬깁니다."라는 뜻이다.

묵타난다가 이 책에서 기술하고 있는 세 번째 수행은 아사나(âsana) 즉 자세이다. 몸의 자세와 마음의 상태 간의 상관성은 의학 및 심리치료의 장면에서 널리 알려져 있다. 구부정한 자세는 의기소침한 상태를 나타내고 있을 뿐만 아니라, 실제로 풀이 죽은 상태를 일으킬 수 있다. 이와 반대로, 경직되지 않은 똑바른 신체 자세는 평화스러운 상쾌한 상태를 말해 주고 있으며 또 그 상태를 일어나게 한다. 고대 명상가들은 이 관계를 알았다. 그래서 그들은 흔들리지 않는 똑바른 자세로 명상을 하도록 권하였다. 또한 신체가 이 안정된 자세를 유지할 때, 그 자세는 차크라(chakra)와 나디(nâd¥)라고 알려진 미묘한 접점과 통로 즉 에너지 체계에 가장 좋은 조절을 가져다주어 영적 에너지를 가장 잘 흐르게 한다는 점을 알았다. 이와 같은 자세로 명상을 계속하면 바람직한 습관적 반응이 일어나, 특정한 자세를 취하기만 하여도 명상이 자연스럽게 이루어지기 시작한다. 아사나는 명상의 마술이 저절로 일어날 수 있도록 하는 올바른 분위기, 올바른 조건을 만드는 또 하나의 방법이다.

네 번째 수행은 안정적이고 자연스러운 호흡을 유지하는 것이다. 안정적인 호흡은 마음을 편안하게 해 주며 더욱 미묘한 에너지 체계와 긴밀히 연결되게 한다. 마음과 호흡은 깊이 연결되어 있다. 예를 들어, 빠르고 얕은 호흡은 불안과 들뜸을 두드러지게 하는 경향이 있다. 호흡이 자연스럽고 고요해지면, 마음은 조화롭고 고요해진다.

묵타난다가 제시한 이 네 가지 수행 모두는 몸과 마음이 고요해지도록 도와준다. 더욱 미묘한 영역 즉 내면의 우주가 발견될 수 있는 것은 생각과 몸의 활동이라는 바깥 영역이 고요해질 때이다. 묵타난다는 "내면의 우주는 바깥의 우주보다 훨씬 더 크다. 그것은 너무나 거대하여 바깥의 온 우주를 내면의 우주 한 구석에 넣을 수 있다."고 말한다. 외부의 우주에서 행하여진 모든 탐험, 즉 우주 탐사용 로켓, 망원경, 현미경을 생각해 보면, 이것은 적절한 진술이다. 나 자신도 체험을 통해 직접 보지 못했다면 그 말을 믿지 않았을 것이다.

앞서 말했듯이, 나 역시 몇 년 전까지만 해도 참나는 결코 이를 수 없는 어떤 이상이라고 생각하였다. 상황이 어떠하든 늘 행복한 것이 최고의 목표라고 믿었지만, 이러한 마음 상태에 완전히 이른 사람을 한 번도 만나 보지 못했기 때문이다. 깨달은 존재들은 과거 신화 속의 인물로 보였다. 한때는 존재했겠지만 지금은 끊겼다고 생각했다.

1988년쯤에 어떤 사람이 내게 말하기를, 정말이지 살아 있는 스승이 존재하고 있으며 그러한 사람을 만났는데, 스와미 묵타난다의 맥을 잇고 있는 구루마이 치드빌라사난다라는 것이었다. 나는 잃을 것이 아무것도 없었다. 흥미롭기도 하고 회의가 들기도 했지만, 결국 뉴욕 주 북부 캣츠킬 마운틴에 있는 그녀의 아쉬람을 방문하기로 마음을 먹었다.

2개월 후, 나는 구루마이 님이 예기치 않게 방문한다는 슈리 묵타난다 아쉬람의 큰 홀에 앉아 있었다. 홀은 사람들로 가득 차 있었고, 여러 연사들이 요가의 다양한 측면을 설명하고 있었다. 그리고 그들의 모습이 홀 앞쪽에 놓여 있는 두 개의 큰 화면에 비치고 있었다. 나는 눈을 감고 있었다. 그런데 머리에서 시작하여 발바닥을 통하여 아래로 흐르기 시작하는 아주 뚜렷한 에너지의 요동을 느꼈다. 그래서 위를 쳐다보니, 오렌지 빛깔의 옷을 입은 한 여인이 중앙의 통로를 따라 내려오고 있었다. 나는 이분이 구루마이라고 짐작했다. 그때 그녀는 내게서 70피트 이상 떨어져 있었다. 그날 이후로 그녀가 보이지 않는 에너지 장으로 둘러싸여 있다는 점을 알게 되었다. 나는 그 에너지 장 안에서 고양된 자각과 행복감과 사랑을 느꼈다. 그 에너지는 그녀의 현존으로부터 방사되어 나오는 것 같았다. 사실, 나는 그때까지 그러한 행복을 느낀 적이 없었다. 놀라운 일이었다. 사람에 대한 나의 경험, 내가 배운 의학적·심리학적 틀에 들어맞지 않는 어떤 일이 여기에서 일어나고 있었다. 삶의 한계에 대한 나의 가정이 정말 정확한지 의심이 들기 시작했다.

  그 이틀 후에 이 책을 읽었다. 그날 이후로, 묵타난다가 이 책에서 기술하고 있는 마법과 같은 경험을 하게 되었다. 앞아서 명상을 하는 동안 자세와 호흡이 안정되었는데, 평온하고 친절해 보이는 묵타난다의 모습이 내면에 있는 마음의 화면 위에 나타났다. 이 영상은 사진 같은 것이 아니었다. 묵타난다는 완전히 살아 있는 존재로 나타났다. 놀랍게도 그는 내 쪽으로 몸을 구부리고 있었다. 그의 얼굴은 내 얼굴에서 몇 인치밖에 떨어져 있지 않았고, 그는 나의 입 안으로 부드럽게 입김을 불어넣고 있었다. 내가 미처 어찌하지 못하는 사이에, 묵타난다의 모습은 거대해졌다. 그의 몸에 비하여 나의 몸은 엄지손가락의 반만 하였다. 그가 부드럽게 호흡을 계속 나에게 불어넣자, 나는 그의 입으로부터 곧바로 공중으로 뜨기 시작하였다. 그러더니 어느 순간 우주의 광막한 별 세상 속에 있었다. 묵타난다의 모습 안에 있는 것처럼 보이는 무한한 사랑의 우주 안에 내가 감싸여 있는 듯 하였다. 전에는 결코 그러한 사랑을 느껴 본 적이 없었다. 또 그러한 사랑이 존재할 수 있다는 것조차 알지 못하였다. 나중에 그 경험을 돌이켜 보았을 때, 이 거대한 내면의 사랑의 우주가 그의 모습 안에 있는 것처럼 보였지만 사실은, 그가 말한 바대로, 나 자신의 의식 안에 있었음을 알게 되었다.

이 경험을 한 뒤 나의 생활은 깊이를 알 수 없을 정도로 변하였다. 나는 그날 기쁨의 눈물을 흘렸다. 그 이후 시간이 지나면서, 나 자신이 아내와 자식, 친구와 환자, 또 이전에 결코 만난 적이 없었던 사람들, 즉 쇼핑을 하거나 거리를 걸어갈 때 만나게 되는 사람들을 더욱 사랑하고 있음을 알게 되었다. 나는 사랑의 근원이 주위에 있는 사람이나 환경에 있는 것이 아니라 내면의 존재에 있다는 것을 깨닫기 시작하였다. 그 명상 경험 이후에 일 년이 지나서, 나는 생전의 묵타난다가 때때로 구도자의 입이나 코 안으로 호흡을 불어넣음으로써 참나의 경험 속으로 입문시켰다는 점을 알게 되었다.

묵타난다는 이 책을 통해서 우리가 여태 알고 있는 것보다 훨씬 더 너머로 나아가도록 격려한다. 내면에 있는 무한한 사랑의 참나에 초점을 돌림으로써 우리 모두가 직접 참나를 체험하고, 사랑과 존경이라는 내면의 자리에서 다른 사람과 관계할 수 있도록 하는 것이 그의 솔직한 바람이었다. 스와미 묵타난다의

스승인 바가완 니티아난다는 "가슴이 모든 신성한 장소의 축이
다. 거기로 가서 포효하라."고 말하였다.

리처드 질레트 박사

뉴욕 헐리빌

1998년 9월

명 상

행복은 그대 안에 놓여 있다

참나에 대한 명상

우파니샤드에 다음과 같은 질문이 있다. "우리 인간이 원하는 것은 무엇인가?" 그 답은 행복을 원한다는 것이다. 우리는 무엇을 하든지 행복을 위해서 한다. 일을 통하여, 친구나 가족을 통하여, 예술이나 학문을 통하여, 음식을 먹거나 마시거나 또는 오락을 통하여 행복을 찾고 있다. 행복을 위하여 일상적인 모든 활동을 하고 있으며, 우리의 물질적 세상을 넓혀 가고 있다.

우리 안에는 신성한 행복이 놓여 있다. 그러나 우리는 이 행복을 세상 속에서 찾고 있다. 다양한 활동을 통하여 구하고자 하는 즐거움에 대하여 생각해 본다면, 우리는 활동 속에서가 아니라 우리 자신 안에서 행복을 경험하고 있음을 깨달을 것이다. 예를 들어, 아름다운 그림을 볼 때 당신이 기쁨을 느끼는 곳은 어디인가? 그림 속인가, 아니면 당신 속인가? 맛있는 음식을 먹을 때는 어디에서 만족을 경험하는가? 음식 안인가, 아니면 당신 안인가? 친구를 만나서 즐거움을 느낀다면 그 즐거움은 친구 안에 있는가, 아니면 당신 안에 있는가? 이 모든 것 안에서 발견하는 즐거움은 자신의 내면에 있는 참나의 즐거움이 반영된 것이라는 것이 진실이다.

이 사실은 수면을 통해서도 알 수 있다. 아무리 많이 먹거나 마시거나 얻거나 즐기더라도 밤이 되면 우리는 지친다. 우리가 원하는 것은 오직 침실로 들어가서 불을 끄고 이불 속으로 들어가는 것이다. 깊은 수면 동안에 우리는 완전히 혼자인 채로 있다. 배우자도, 친구도, 소유물도 원하지 않는다. 아무 것도 먹지 않고 벌지 않으며 즐기지도 않는다. 그러나 깨어 있는 동안에 쌓인 모든 피로가, 잠자는 동안 자신의 영의 힘에 의해 말끔히 씻긴다. 아침에 깨어나면 완전히 휴식한 듯 느낀다.

이것이 우리가 매일 하는 경험이다. 낮에 하는 여러 가지 일로 왜 지치게 되는지, 그리고 수면으로부터 왜 그리도 큰 평화를 얻게 되는지를 곰곰이 생각해 보면, 만족의 진정한 근원은 먹고 마시는 것이나 자신의 바깥에 있는 어떤 것이 아니라 자신 안에 있다는 것을 이해할 것이다. 낮에는 마음이 바깥을 향하고 있다. 그러나 잠을 자는 동안에는 참나 속에서 약간의 휴식을 취한다. 피로를 가시게 하는 것은 바로 이것이다. 수면의 이 작은 희열에 잠김으로써 깨어 있는 동안에 쌓인 고통을 잊는다. 곧바로 수면 너머로 가 명상 상태 속으로 들어가면, 우리는 가슴에 놓여 있는 사랑과 행복의 감로를 마실 수 있을 것이다.

바깥세상의 온갖 활동을 통하여 찾고 있는 것은 바로 이 감로다. 정말로 찾고 있는 것은 이 지고의 진리다. 우리는 지고의 진리가 가슴 안에 숭고한 행복의 모습으로 고동치고 있음을 명상을 통하여 경험할 수 있다.

진실로 말하자면, 인간 존재는 신성하다. 우리를 하찮은 존재로 만드는 것은 오직 잘못된 이해의 결과다. 우리는 자신을 몸이라고 생각한다. 손, 발, 다리, 눈을 갖고 있는 어떤 신체적 구조라고 생각한다. 우리는 자신을 남자나 여자 혹은 어떤 특정한 계층이나 국가에 속한다고 생각한다. 우리는 자신을 자신의 생각, 재능, 좋고 나쁜 행동과 동일시한다. 그러나 이러한 것들 그 어느 것도 우리의 진정한 존재가 아니다.

우리 안에는 몸과 마음의 모든 행위를 알면서도 그 모든 것에 닿지 않고 있는 어떤 존재가 있다. 바가바드 기타에서, 크리슈나는 "아르주나여, 이 몸을 가리켜 들판이라 하며 이 몸을 아는 자는 들판을 아는 자라 한다."[1]고 말한다.

들판을 아는 자는 들판과 달라야 한다. 예를 들어, '나의 책'이라고 말하는 사람은 책과 분리되어야 한다. '나의 책상'이라고 말하는 사람은 책상과 분리되어야 한다. 이와 마찬가지로, '나의 몸'이라고 말하는 사람은 반드시 몸과 분리되어야 한다. '나의 마음'이라고 말하는 사람은 반드시 마음과 분리되어야 한다. 깨어 있는 시간의 모든 활동을 관찰하는 존재는 누구인가? 밤이 되어 잠을 잘 때에도 그 존재는 잠들지 않고 깨어 있다가 아침에 우리에게 우리의 꿈을 알려준다. 이 아는 자는 누구인가? 바가바드 기타에서 크리슈나는 이 질문에 다음과 같이 답한다. "오 아르주나여, 나는 이 모든 들판을 아는 자이다."[2]

　　몸속에 살고 있지만 몸으로부터 떨어져 있으면서 그것을 아는 자가 우리의 진정한 참나다. 그 참나는 몸 너머에, 마음 너머에, 이름과 피부색과 성별이라는 특징 너머에 있다. 그것은 이 세상에 온 이후부터 우리와 더불어 있었으며 원래의 나-의식인 '나'다. 우리는 그 나-의식에 "나는 검다", "나는 희다", "나는 남자다", "나는 여자다", "나는 미국인이다", "나는 인도인이다."와 같은 여러 개념을 첨가한다. 그러나 이 첨가물을 벗어버리고 나면, 이 '나'는 다름 아닌 순수한 의식이다. 이것은 기쁨의 모습으로 존재한다. 위대한 현자 상카라차리야가 아함 브라마스미 (Aham Brahmåsmi), 즉 "나는 절대다."[3]라고 외치게 된 것도 이 '나'를 체험하고 나서였다. 이 '나'는 신이다. 우리는 이것을 직접 체험하기 위하여 명상한다. 이것을 알면 알수록 우리는 변형된다.

우리를 신으로 안내한다고 생각되는 여러 방법이 있다. 그러나 이 모든 것 중에서, 모든 현자와 성자에 의하여 첫손가락에 꼽히는 것은 명상이다. 왜냐하면 우리는 명상을 통하여 내면의 참나를 직접 볼 수 있기 때문이다. 가슴속에 살고 있는 그것은 책 속에서는 찾아지지 않는다. 교회나 사원에서 찾아보아도 그것을 발견할 수 없다. 논리적 추론이나 설교를 잘 할 수 있는 능력을 갖추었다 할지라도 아무런 소용이 없다. 그 존재는 내면의 가장 깊은 곳에 있는 의식이기 때문에, 그것을 직접 체험하기 위해서는 내면으로 향하는 것이 필요하다.

내가 경전을 읽는 데 몰두하던 시절이 있었다. 어느 날 나는 책을 팔에 끼고 나의 구루를 만나러 갔다. "묵타난다야, 이리 가까이 오너라. 그것이 무엇인가?" 하고 나의 스승께서 물어보셨다.

나는 "우파니샤드입니다."라고 대답하였다.

스승께서는 "이 책이 어떻게 해서 만들어졌는지 아는가? 그것은 머리로 만들어졌다. 머리로는 수많은 책을 만들어 낼 수 있지만 책은 머리를 만들어 내지 못한다. 책을 버리고 명상하는 것이 더 좋겠다."라고 말씀하셨다.

그래서 나는 그 책을 던져 버리고 명상하기 시작하였다. 이것은 이치에 맞는 말이다. 참나가 내면에 존재한다면, 왜 그것에 관한 지식을 다른 곳에서 찾아야 하는가? 내면에 있는 참나를 깨닫지 않는 한, 진정한 평화를 누릴 수 없다. 바깥세상에 아무리 많은 것을 갖고 있을지라도, 우리는 결코 행복해질 수 없다. 그러므로 명상이 가장 중요하다. 명상은 누구에게나 필요하다.

우파니샤드에 따르면, 이 우주 내에 있는 삼라만상은 명상 상태로 존재한다.[4] 지구는 명상에 의하여 제자리를 잡고 있으며, 불은 명상의 힘으로 타며, 물은 명상의 힘으로 흐르고, 바람은 명상의 힘으로 분다. 명상을 통하여, 고대의 현자들은 사회의 여러 법칙과 모든 것이 원활히 기능하도록 다스리는 방법을 발견하였으며, 고대 과학의 비밀이 현자들에게 드러났다. 명상을 통하여 그들은 위대한 업적을 쌓았다.

명상은 우주적인 것이다. 그것은 어느 특정 종파나 교단의 전유물이 아니다. 명상은 동양이나 서양에 속하는 것도, 힌두교, 불교 혹은 수피즘에 속하는 것도 아니다. 수면이 모든 사람의 자산이듯이 명상은 모든 사람의 자산이다. 그것은 전 인류의 것이다. 명상은 어렵거나 생소한 것이 아니다. 우리 대부분은 일상생활 속에서 이미 그것에 친숙해져 있다. 명상 없이는 의사가 질병을 진단할 수 없으며, 변호사는 서류를 준비할 수 없으며, 학생은 시험에 통과할 수 없다. 자동차 운전에서부터 음식을 조리하거나 그림을 그리거나 수학 문제를 푸는 데 이르기까지, 이 모든 기술이나 기교는 명상과 조금도 다를 바 없는 집중의 힘에 의하여 완전해진다. 그러나 이것들은 외부로 향한 명상의 모습이다. 외부 대상에 초점을 맞추는 것과 마찬가지 방법으로 주의를 내부로 돌려 내면에 있는 존재에 초점을 맞출 때, 그것은 참나에 명상하고 있는 것이 된다.

명상은 수많은 삶을 살아오면서 지은 죄를 씻어 주고, 마음을 괴롭히는 모든 불순과 긴장을 제거하는 위대한 정화제이다. 명상은 우리가 갖고 있는 질병을 없애 주며, 우리로 하여금 하고 있는 모든 것에 더욱 숙련되게 해준다. 명상을 통하여, 내면의 자각은 확장되고 안과 바깥의 사물에 대한 이해가 점차로 깊어진다. 명상을 통하여, 내면의 여러 세상을 여행하며 수많은 내면의 경험을 한다. 그러나 무엇보다도 명상은 끊임없이 방황하고 끊임없이 고통을 일으키는 마음을 고요케 한다. 그리고 어떤 외부 요인에도 영향을 받지 않는 지고의 평화의 상태에 늘 머물러 있도록 해 준다. 궁극적으로 명상은 자신의 진정한 본성을 깨닫게 한다. 모든 고통과 미혹을 제거하는 것은 이 자각이다. 그리고 이 자각은 자기 내면의 참나를 정면으로 볼 때만 온다.

단 한 번만이라도 몸과 떨어져 있는 참나를 볼 수 있다면, 몸이 우리를 속박할 수 없으며 몸에 기인한 고통이나 쾌락은 우리에게 영향을 미칠 수 없음을 알 수 있을 것이다. 베단타의 현자에 따르면, 고통과 쾌락은 내면의 참나를 알지 못하는 사람에게만 영향을 미친다고 한다.[5] 신체적인 고통과 쾌락은 일정 기간 그리고 특정 의식 상태 안에서만 경험된다는 것을 일상생활에서도 알 수 있다. 그것을 모든 의식 상태에서 경험하지는 않는다. 예를 들어, 끓는 물에 손을 데면 깨어 있는 동안에만 고통을 받는다. 수면으로 들어가면 고통을 느끼지 않는다. 어떤 사람이 호랑이가 자신에게로 달려오는 악몽을 꾸면 공포에 떨면서 "사람 살려, 사람 살려!"라고 소리 지를 것이다. 그러나 잠에서 깨어나면, 호랑이는 온데간데없다. 그제야 그것이 꿈이었음을 알아차린다.

따라서 꿈의 상태에서 경험하는 쾌락과 고통은 깨어 있는 상태에는 이르지 못한다. 이와 마찬가지로, 명상의 상태는 깨어 있는, 꿈꾸는, 깊은 수면 상태의 쾌락과 고통 너머에 있다. 명상 중에는 이 모든 상태를 목격하는 위치에 선다. 이것이 신의 상태, 내면의 참나의 상태다. 그것은 안에 있기 때문에 명상을 통하여 그 상태에 이를 수 있다. 꿈으로부터 깨어 있는 의식 상태로 나아갈 때 자신에 대한 이해가 변화한다. 이와 마찬가지로, 참나의 상태에 이를 때 자신을 전적으로 다르게 이해한다. 우리가 신성한 존재라는 것을 깨닫는다.

하즈릿 바이야짓 비스타미라는 위대한 존재가 있었다. 그는 끊임없이 기도하고 명상하였던 수피인이었다. 명상이 깊어짐에 따라, 그는 "나는 신이다. 나는 신이다."라고 외치기 시작하는 상태에 이르렀다. 그 상태를 경험해 보지 못한 사람은 그 말을 이해하기가 매우 어려울 것이다. 그래서 간단한 비유를 들어 설명하겠다. 자신에 대한 생각은 자신의 의식이 변함에 따라 달라진다는 것을 우리는 경험을 통해 알고 있다. 어떤 사람이 경찰관이라면, "나는 경찰관이다."라고 계속 말할 것이다. 그가 파출소장이 되면, "나는 경찰관이다."라는 말을 그만두고 "나는 파출소장이다."라고 말할 것이다. 경찰청장이 되었다면, "나는 경찰청장이다."라고 말할 것이다. 어떤 사람이 공부를 하는 과정에 있다면, "나는 학생이다."라고 말한다. 그러나 자신의 공부를 끝마치고 가르치기 시작하면, 그는 "나는 선생이다."라고 말한다. 동일한 '나'가 이 모든 상태를 경험하고 있다. 깨어 있을 때 자신을 몸과 동일시하여 "이 몸은 나의 것이다", "나는 경찰관이다", "나는 미국인이다."라고 말하는 그 '나'가 깨어 있는 의식 수준으로부터 가장 높고도 가장 미묘한 의식 수준으로 나아갈 때, 그 '나'는 "나는 신이다."라는 자각을 얻는다. 이 이해는 우리 안의 가장 깊은 곳으로부터 나온다.

강물이 바다 속으로 흘러 들어가 바다와 하나가 될 때, 그것은 더 이상 강물이 아니다. 그것은 바다가 된다. 마찬가지로, 하즈릿 비스타미는 모든 곳에 퍼져 있는 의식 즉 최고로 높은 진리를 경험하는 곳에 이르고는 "나는 신이다."라고 외쳤다. 그는 자신에게 무슨 일이 일어나고 있는지 몰랐다. 그는 자기 스스로 이 상태 안으로 들어갈 수는 없었다.

비록 비스타미는 위대한 존재였지만, 그의 가르침은 항상 이슬람교 사제의 정통적인 가르침을 벗어나지 않았다. 그는 제자들에게 "신에게 기도하라, 그리하면 그대들의 죄가 사하여질 것이다. 신은 위의 어딘가에 계신다."라고 말하였다. 그러므로 비스타미가 명상 중에 "나는 신이다. 나는 신이다."라고 외치기 시작했을 때, 제자들은 충격을 받았다. 스승이 방에서 나오자, 제자들은 그를 에워싸고 "비스타미, 지독한 이단자! 우리는 이 일을 이해할 수가 없군요."라고 소리쳤다.

비스타미는 "내가 무슨 죄를 저질렀는지 말해 주겠나?" 하고 물었다.

제자들은 설명하였다. "방 안에서 스승님이 '나는 신이다. 나는 신이다.'라고 외치는 소리를 들었습니다. 불결하고 죄 많은 인간이 어떻게 신이 될 수 있습니까? 이 말은 신성한 이슬람교의 율법에 위배됩니다."

"듣고 보니 자네들을 비난할 수만은 없겠군. 명상 중에 있을 때, 나는 나의 말을 어떻게 할 수 없다. 다시 같은 말을 듣거든, 나에게 어떤 벌을 주어도 달게 받겠네."라고 비스타미는 제자들에게 말하였다.

제자들도 동의하였다. 일주일쯤 지나자, 비스타미는 다시 명상하고자 앉았다. 이번에는 그 어느 때보다 더 큰 소리로 외치기 시작하였다. "나는 신이다. 나는 신이다. 나는 신이다! 이 지구는 나로부터 나왔다. 나는 산이며 온 바다다. 나는 강에서 물로 흐른다. 나는 모든 곳에 있다. 나는 서쪽에도 있고 동쪽에도 있다. 나는 남쪽에도, 북쪽에도 있다. 나는 위에도 있고 아래에도 있다."

스승 비스타미가 이와 같이 외치자, 제자들은 자신들의 스승이 완전히 미쳤다고 생각했다. 그래서 스승을 조용히 시키기 위하여 서둘러 몽둥이를 가지러 갔다. 스승 비스타미가 명상을 마치고 나오자마자, 제자들은 그를 붙잡고는 때리기 시작하였다.

그는 혼자였고, 제자들은 너무나 많았다. 달리 무엇을 할 수 있겠는가? 그래서 그는 다시 한 번 앉았다. 땅바닥에 앉자마자 그는 명상 속으로 미끄러져 들어가 "나는 신이다. 나는 신이다. 존재하는 것은 무엇이나 나로부터 나왔다. 불은 나를 태울 수 없다. 물은 나를 젖게 할 수 없다. 총으로도 나를 죽일 수 없다. 나는 모든 것 너머에 있는 그 상태에 존재한다. 나는 높은 상태 가운데서도 가장 높은 상태에 있다. 죽음도 내 가까이 올 수 없다. 나는 지고의 신이다. 나는 그것이다."라고 말하였다.

제자들이 비스타미를 향하여 돌을 던지고 때리기 시작하자 놀라운 일이 일어났다. 스승에게 주었던 벌이 자신들에게로 되돌아오고 있었다. 비스타미의 머리를 때린 제자는 자신의 머리를 얻어맞았다. 비스타미의 팔을 비튼 제자는 자신의 팔에 상처를 입었다. 다리를 때린 제자는 자신의 다리가 부러졌다. 마침내 제자들은 비스타미를 구타하기를 그만두고 땅바닥에 주저앉았다.

비스타미는 여전히 "나는 신이다. 나는 신이다."라고 외치고 있었지만, 제자들은 다시 그를 혼내 줄 마음이 생기지 않았다. 감히 그에게 가까이 다가가지 못하고 존경하는 자세로 앉았다. 잠시 후 비스타미가 명상에서 깨어나자, 제자들은 스승에게 말하였다. "스승님, 우리는 이 일을 이해할 수 없습니다. 우리의 팔과 다리에 피가 나고 있습니다. 머리가 깨졌습니다. 스승님을 때린다고 생각했는데, 오히려 우리가 얻어맞고 말았습니다."

비스타미는 말하였다. "명상 중에 있을 때, 이 상태에 있을 때 나는 더 이상 비스타미가 아니었다. 나는 너희들 종교의 최고 목표에 있었다. 나는 모든 곳에 퍼져 있었다. 그러한 상태에 있는 사람을 치게 되면, 그것은 자기 자신의 참나를 치는 것이 된다. 이런 이유로 나를 향한 구타가 너희들에 대한 구타가 되었다."

명상을 통하여 얻고자 하는 것은 이 상태다. 조금 이완하고 약간의 평화를 얻기 위하여 명상하는 것이 아니다. 우리 내면에 있는 존재를 드러내려고 명상한다. 브리하자발라 우파니샤드(Brihajjâbâla Upanishad)에 다음과 같은 말이 있다. "우리는 명상을 통하여 바람이 불지 않는 곳에, 태양의 열이 이르지 않는 곳에, 죽음이 침투하지 못하는 곳에 이른다."⁶⁾ 이곳은 영원한 희열의 나라다. 요기가 여기에 자리를 잡으면 그는 해방된다. 죽음이 그에게 이를 수 없다.

샥티파트

◆

참나에 대한 명상은 어렵지 않다. 명상의 참된 비밀은
시다 구루와의 접촉을 통하여 일어나는 내적 일깨움인 샥티파
트다. 모든 인간의 내면에는 위대하고 신성한 에너지가 있다. 인
도의 경전은 그것을 샥티(shakti, 지고의 에너지) 혹은 치티
(chiti, 우주적 의식) 등과 같은 여러 말로 언급하고 있다. 그것이
인간의 신체 내에 머물러 있을 때, 이 의식 에너지를 쿤달리니라
고 한다. 이 내면의 힘은 세상을 창조하고, 유지하고, 파괴하는
것과 같은 창조적 힘이다. 위대한 영적 철학인 케쉬미르 쉐이비
즘의 기본 경전들 가운데 하나인 프라티야비갸나흐리다얌
(Pratyabbijñåhridayam)의 한 수트라는 이 에너지를 다음과 같
이 묘사하고 있다. "우주적 의식은 완전한 자유 상태에서 이 우

주를 창조하였다."[7]

현대 과학자들은 우주의 원천이 에너지라는 사실을 이제야 알기 시작했다. 그러나 인도의 고대 현자들은 의식이라는 바탕 즉 캔버스 위에 물질적 우주가 그려져 있음을 이미 수천 년 전에 밝혔다. 사실, 온 우주는 이 에너지의 유희다. 그것은 자신의 존재 안에서 자신의 자유 의지로써 이 다양한 우주로 나타나며, 우리가 주위에서 보는 모든 형상과 모습이 된다. 이 에너지는 지고의 원리에서 미세한 곤충에 이르기까지 모든 곳에 퍼져 있으며 무한한 기능을 행한다. 비록 세상이 되기는 하지만, 이 의식은 접촉되지 않은 채 있으며 오점으로부터 자유롭다.

이 에너지는 온 우주에 퍼져 있듯이 인간의 몸에 머리에서 발끝까지 퍼져 있다. 우리의 모든 생명 기능을 행하는 것은 이 샥티다. 그것은 들어오고 나가는 호흡인 프라나(pråna)와 아파나(apåna)가 된다. 심장 박동을 일으키고 피가 혈관 내에 흐를 수 있도록 하는 것은 이 힘이다. 이러한 방식으로 이 의식 에너지는 우리 몸에 힘을 주고 있다.

그러나 내적인 영적 측면에서 본다면, 이 에너지는 일반적으로 잠재적인 상태로 있다. 잠재적인 상태로 있는 이 내면의 에너지를 일깨우는 것이 우리 모두에게 필요하다. 이 에너지가 안에서 활성화되어 펼쳐질 때만 우리는 참나를 정말로 경험할 수 있기 때문이다.[8] 이 내면에 있는 쿤달리니 샥티(kundalin¥

shakti)는 물라다라 차크라(mūlådhåra chakra)라고 알려져 있는 척추 기반부의 미묘한 에너지 중심에 놓여 있다. 이 에너지가 일 깨워지면 미묘한 내적 과정이 시작되어 마침내는 참나와의 합 일 상태에 이르게 된다.

이러한 일깨움을 일어나게 하는 몇 가지 방법이 있다. 그러 나 가장 쉬운 방법은 완전히 참나를 깨달은 영적 스승으로부터 이 에너지를 전수받는 샥티파트를 통하는 길이다. 불이 켜진 초 가 불 없는 초의 불을 밝히듯이, 샥티파트를 통하여 그 사람의 내적 에너지는 완전히 일깨워진 구루의 에너지에 의하여 점화 된다. 그러면 그 사람은 더 이상 명상하기 위한 노력을 하지 않 아도 된다. 명상은 그 자신의 힘으로 저절로 된다.

지　식

　　우파니샤드는 선행을 하거나 의식을 행한다고 참나가 얻어지지는 않는다고 가르친다. 오로지 직접적인 지식을 통해서만 참나에 이를 수 있다.⁹⁾ 우리를 신과 하나 되게 만드는 것은 그 지식이다. 자신의 잠재적인 샥티가 일깨워질 때, 이 지식은 아주 자연스럽게 일어난다. 그래서 우리는 참나를 볼 수 있게 된다.

　　올바른 이해를 가진다면 신을 곧바로 경험할 수 있다. 해가 떠 있을 때 밖으로 나간다면 즉시 태양을 볼 수 있다. 태양이 하늘에서 빛나고 있다면, 태양을 보는 데 얼마나 많은 시간이 걸리겠는가? 이와 마찬가지로, 신의 빛은 우리 안에 항상 빛나고 있다. 매순간 가슴 안에 빛나고 있는 그 빛을 지각하는 데 얼마나 많은 시간이 걸리겠는가? 이러한 이유로 경전은 신에 이르기 위해서 명상하는 것이 아니라 이미 우리 안에 있는 신을 보기 위하여 명상한다고 말한다. 어떤 사람이 이미 무엇을 가지고 있지 않다면 그것을 얻기 위해 노력하는 것은 아무런 소용이 없다고 케쉬미르 쉐이비즘은 말한다. 그 사람은 그것을 미래의 언젠가 잃을 수 있기 때문이다. 케쉬미르 쉐이비즘에 속하는 계시 경전 중 하나인 비갸나 바이라바(Vijñåna Bhairava)는 신 즉 참나는 모든 이의 내면의 느낌, 이해, 그리고 지식 내에 이미 존재하고 있다고 가르친다.[10] 신 즉 참나는 그 어느 누구보다도, 그 어느 것보다도 더 가까이 있다. 그를 알지 못하는 것은 오직 자신의 빈약한 이해력 때문이다.

현자 바시슈타는 라마에게 "신을 보기는 너무나 쉽다. 두 눈을 깜박이는 동안에도 신을 볼 수 있다. 그러나 수많은 세월이 흘렀건만, 그대는 여전히 신을 보지 못하고 있다."라고 말했다.[11]

우파니샤드는 신이 삿(sat), 칫(chit) 그리고 아난다(ånanda), 즉 절대적인 존재, 의식 및 희열의 모습으로 존재한다고 말한다. 삿은 모든 장소, 모든 사물 및 모든 시간대에 존재하고 있는 진리를 의미한다. 진리가 모든 곳에 있지 않다면 그것은 진리일 수 없을 것이다. 그것은 절대적 존재가 될 수 없을 것이다. 예를 들어, 뉴욕에 있다면 당신은 뉴욕 안에 존재하고 있다. 그러나 로스앤젤레스에는 없기 때문에 당신은 그곳에는 실재하지 않는다. 그러나 신은 삿이기 때문에 시간이나 장소에 구애받지 않으며 또한 어떤 특별한 대상에도 제한되지 않는다. 쉬바가 아닌 것이 어디에 있겠는가?[12] 쉬바가 아닌 나라가 어디에 있는가? 그 의식, 그 신은 모든 사물 내에 자신의 충만함으로 존재하고 있다. 모든 것 내에 존재하고 있기 때문에 신은 가슴 안에도 존재하고 있다. 그러므로 신을 가슴에서 발견할 수 있다.

그 다음의 요소는 칫이다. 칫이란 의식, 즉 모든 것을 빛나게 하는 것을 의미한다. 칫은 참나의 빛이다. 그것은 무지를 파괴한다. 칫은 우리로 하여금 바깥에 있는 모든 사물을 자각하게 한다. 칫은 또한 신이 내면에 존재하고 있다는 것을 자각하게 한다. 더구나 신을 볼 수 없기 때문에 신은 존재하지 않는다고 생각한다면, 그 이해를 밝혀 주는 것이 칫이다. 칫은 어떤 것은 존재하고 어떤 것은 존재하지 않는다는 지식을 드러내는 자이다. 칫은 모든 장소와 모든 것을 항상 밝혀 주고 있다. 그러므로 칫은 우리 내면의 존재도 빛나게 한다.

마지막 요소는 아난다다. 아난다는 절대적인 희열 즉 의식의 희열이다. 이 희열은 아름다운 모습을 보거나, 아름다운 선율을 지닌 음악을 듣거나, 맛있는 음식을 먹거나, 부드러운 촉감을 경험할 때 느끼는 쾌락보다 훨씬 뛰어난 것이다. 아름다운 모습을 보는 데서 오는 기쁨은 그 모습에 달려 있다. 따라서 그 모습이 사라지면 희열 또한 사라진다. 아름다운 선율을 듣는 데서 오는 쾌락은 그 소리에 의존하고 있다. 그 소리가 사라지면 쾌락 또한 사라진다. 이와 마찬가지로, 부드러운 촉감에서 오는 쾌락은 접촉에 의존하고 있다. 접촉이 더 이상 없을 때 그 쾌락 또한 사라진다. 그러나 아난다는 어떤 외적 요인에도 의존하지 않는다. 그것은 내면으로부터 무조건적으로 일어난다. 마음과 지성이 참나에 다가갈 때 희열을 경험할 수 있다. 명상하는 것은 그 희열에 이르기 위하여, 그 희열 속에 자리 잡기 위해서다. 안에 있는 참나의 빛에 이르게 될 때, 그 빛은 지고한 사랑의 모습으로 그 자신을 드러낸다.

그러므로 신 즉 참나는 삿, 칫, 아난다의 모습을 하고 있다. 삿, 칫, 아난다이기 때문에 신은 모든 곳에 퍼져 있다. 그러므로 우리는 신을 어디에서나 볼 수 있다. 진정한 질문은, "있는 그대로의 신을 보기를 원하는가, 아니면 보고자 하는 대로 신을 보기를 원하는가?"이다. 있는 그대로의 신을 보기를 원하면 신은 나타난다. 신은 숨지 않는다. 지성이 충분히 미묘해지고 순화되면 신을 즉시 경험할 수 있다. 이러한 이유로 현자들은 참나에 이르는 데는 이해와 지식이 명상의 기법보다 더 중요하다고 말한다. 영적 수행만으로는 신을 아는 데 도움이 되지 않을 것이다. 사람들은 여러 수행을 해 나감으로써 신에 이를 수 있다고 생각한다. 그들은 어떤 곳에서 한 수련 과정을 해 보지만 아무것도 얻지 못한다. 다른 곳에서 또 한 수련 과정을 해 보지만 역시 아무것도 얻지 못한다. 그들은 계속해서 수련 과정을 택한다. 비용이 비싸면 비쌀수록 그 수련 과정을 더 하려고 달려간다. 그러나 영적 수행 즉 사다나의 목표는 이 수행들로 얻어지지 않는다. 케쉬미르 쉐이비즘은 사다나의 본질에 대하여 말하고 있다. 마치 질그릇이 태양을 빛나게 할 수 없듯이 영적 수행은 참나를 빛나게 할 수 없다고 말한다.[13]

한번은 쉐이크 나스루딘이 아침 일찍 일어났다. 달은 없었다. 따라서 날은 칠흑같이 어두웠다. 그는 제자 마하무드를 불러 밖으로 나가서 해가 떴는지 보라고 하였다.

마하무드는 밖으로 나갔다가 잠시 뒤에 돌아왔다. "오! 나스루딘 사히브, 밖은 매우 어두워요. 전혀 태양을 볼 수 없습니다." 라고 말하였다.

"야이! 이 멍청아! 손전등을 사용할 줄도 모르느냐?"라고 나스루딘은 소리쳤다.

영적 수행이 내면에 존재하고 있는 신을 빛나게 할 수 있다고 생각하는 것은 손전등으로 태양을 보려는 것과 같다. 태양이 떠 있다면, 그것을 보기 위해 손전등을 사용할 필요가 없다. 손전등은 태양을 빛나게 할 수 없다. 그리고 태양이 이미 솟아올랐다면 어둠이 견뎌 낼 수 없다. 같은 의미로, 그 어떤 기술로도 참나를 드러낼 수 없다. 아무것도 참나를 빛나게 할 수 없다. 모든 것을 빛나게 하는 것이 참나이기 때문이다.

명상을 해야 하는 것은 내면의 도구가 참나에 이를 수 있을
만큼 정화되어 있지 않기 때문이다.[14] 명상에 권위 있는 경전인
파탄잘리의 요가 수트라에는 "참나가 이미 우리 안에 항상 빛나
고 있지만 마음의 동요가 장애가 되고 있다."고 쓰여 있다. 파탄
잘리에 따르면, 마음이 고요해지고 또 내면으로 향한다면 즉시
참나를 볼 수 있다.[15]

명상의 대상

　명상하기 위해 앉을 때 일어나는 첫 번째 질문은 "무엇을 명상해야 하는가?"이다. 사람들은 온갖 대상을 명상하고 있다. 그리고 수많은 기법을 추천하고 있다. 마하리쉬 파탄잘리는 집중 즉 다라나(dhâranâ)에 대해서 말한다. 마음을 정지시키고 집중하기 위하여 특별한 대상에 자신의 주의를 맞춘다.[16] 가슴에, 미간에, 혹은 신체의 중심 중 하나에 집중할 수 있다. 열정과 집착너머로 간 사람에게 마음이 끌린다면, 그러한 사람을 명상할 수있다. 그러면 마음은 그 사람의 성품을 취할 것이다. 사실, 파탄잘리는 마음이 만족하는 것 무엇에나 명상할 수 있다고 말한다.

　그러나 명상의 가장 좋은 대상은 내면에 있는 참나다. 참나가 명상의 목표라면, 왜 다른 대상을 선택해야 하는가? 참나를 경험하기를 원한다면, 참나를 명상하여야 한다. 신을 알기를 원한다면, 신을 명상하여야 한다. 마음은 명상하는 대상처럼 된다. 시인이자 성자인 순다르다스는 다음과 같이 노래하였다.

> 항상 여자에 대하여 생각하는 마음은
> 여자의 모습이 된다.
> 항상 화를 내는 마음은
> 분노하는 불이 된다.
> 환영을 묵상하는 마음은
> 환영의 우물 속으로 떨어진다.
> 지고의 존재에 늘 의지하는 마음은
> 결국 지고의 존재가 된다.

이런 이유로 자신의 진정한 성품을 명상의 대상으로 택해야 한다. 참나에 대하여 명상할 때 참나를 경험할 뿐만 아니라 바로 참나의 모습이 된다.

한번은 어떤 구도자가 성자에게 물었다. "저의 명상의 대상인 신은 누구입니까?" 성자는 "신은 마음을 목격하는 자다."라고 답했다. 그 목격자가 명상의 목표다. 우파니샤드에 보면, "그것은 마음속에 살고 있지만, 마음은 그것을 알지 못한다. 왜냐하면 마음은 그것의 몸이기 때문이다."[17]라고 쓰여 있다. 참나는 마음의 목격자다. 그것은 또한 마음의 근원이다. 케나 우파니샤드(Kena Upanishad)에 다음과 같은 말이 있다. "마음으로 하여금 생각하게 만드는 것이 신이지만, 그러나 마음으로는 결코 신을 파악할 수 없다."[18] 마음으로 생각할 수 있는 것은 지고의 진리일 수 없다. 참나는 마음의 모든 활동 뒤에 있는 원동력이기 때문이다. 참나가 마음으로 하여금 생각하게 하고 상상력을 터뜨리게 하며, 자아로 하여금 계속 "나, 나, 나"라고 재잘거리게 한다. 이와 마찬가지로, 우리는 신의 영감을 통하여 신을 명상한다.

바가바드 기타에서, 크리슈나는 "오, 아르주나여, 신은 모든 감각을 통하여 빛나고 있지만 감각 없이 존재한다. 신은 모든 감각을 지지하고 있지만 감각으로부터 떨어져 있다. 신은 여러 특성을 경험하고 있지만 그것들로부터 떨어져 있다."[19]라고 말한다.

마음속에 오가는 좋거나 나쁜 모든 생각을 아는 그 존재는 누구인가? 명상하는 동안에 내면의 문제가 일어날 때, 그 존재는 그것 모두를 지각하고 있다. 그 존재는 지식의 모습으로 존재하고 있다. 우리로 하여금 모든 것을 알게 하는 것은 그것이다. 예를 들어, 명상 중에 안에서 어떤 것이 떠오른다고 하자. 그러면 그것을 자각한다. 그것이 떠오른다는 지식을 가진다. 이제 그것이 무엇인지를 정확히 안다. 그 다음에 그것을 좋고 나쁜 생각으로 구분한다. 어떤 존재 혹은 그것이 정확히 무엇인지에 대하여 자각하게 하는 것은 다름이 아닌 참나다. 그것은 좋고 나쁜 생각이 아니라, 참나인 순수한 자각이다. 안과 바깥에서 무슨 행위가 일어나거나 무슨 행동을 할지라도, 그것이 일어나고 있다는 것을 자각하게 하는 것은 참나다. 이 자각은 우리 안의 거기에 항상 존재하고 있다. 그것은 형상이나 속성 없는 순수한 나의식이다. 그것은 안과 바깥에 있는 모든 것을 알며 자기 자신을 안다. 이 아는 자를 아는 것이 진정한 명상이다.

마음을 다루는 방법

최상의 명상이란 내부가 완전히 정지한 상태다. 그 상태에서는 마음 안에 단 하나의 생각도 일어나지 않는다. 그러나 대부분의 사람은 이 고요함의 상태에 곧바로 이를 수 없다. 이러한 이유로 명상자는 마음을 다루는 방법을 아는 것이 지극히 중요하다.

명상하는 대부분의 사람은 같은 실수를 범한다. 명상하기 위해 앉을 때, 그들은 참나에 초점을 맞추지 않는다. 그 대신에 마음을 좇으며 마음이 무엇을 하는지를 알고자 한다. 사람들은 항상 나에게 다음과 같은 불만을 털어놓는다. "명상을 하려 하면, 여러 생각이 마음속에 줄지어 나타납니다." 그들의 마음은 때로는 분노로, 미움으로, 욕정으로 채워진다. 어떤 때는 사랑하는 사람을 생각하며, 또 다른 때는 과거의 나쁜 행위를 기억하고는 후회로 가득 찬다. 생각을 없애려고 하면 할수록 더 많은 생각이 몰려든다. 참나를 명상하는 것이 아니라 원숭이를 명상하고 있음을 발견한다.

옛날에 명상을 배우고자 구루를 찾아간 구도자가 있었다. 구루는 다음과 같이 말하였다. "입문하기에 좋은 시간을 찾아보겠네. 그때 내가 그대를 부를 것이네." 좋은 시간이 다가오자, 구루는 그 구도자를 부르고는 입문을 위한 모든 과정을 마쳤다. 모든 의식을 끝낸 후, 그는 구도자에게 말하였다. "가장 중요한 가르침을 주고자 하네. 앉아서 명상을 하기 전에 우선 네 방향에 절을 하게. 그 다음에 만트라를 반복하게. 그러나 하나는 잊어버리지 않아야 한다네. 무슨 일이 있더라도 원숭이는 생각하지 말게나."

"아무렴요, 왜 원숭이를 생각하겠습니까? 이제까지 원숭이를 생각한 적이 결코 없었습니다. 원숭이에 대해서는 도무지 관심이 없습니다. 저는 오직 신에 대해서만 관심이 있습니다."라고 제자가 답했다.

입문식이 끝나자 그 젊은이는 집으로 돌아왔다. 방석을 깔고는 동쪽을 향하여 앉았다. 그는 성수를 몇 모금 들이키고 난 뒤 네 방향에 절을 하였다. 그 다음에 구루의 마지막 가르침에 대하여 생각하였다. "구루께서 무슨 말씀을 하셨더라? 아 그래,

'원숭이에 대해서는 생각하지 말라.'고 하셨지." 그 즉시 원숭이 한 마리가 마음속에 나타났다.

구도자는 당황하였다. 그 원숭이는 어디로부터 왔는가? 그는 궁금하였다. 눈을 뜨고 다시 성수를 들이켰다. "원숭이를 생각하지 말라."는 구루의 말이 다시 떠올랐다. 다시 한 번 원숭이 한 마리가 앞에 나타났다.

세 번, 네 번, 다섯 번이나 더 명상을 시도해 보았지만, 그때마다 원숭이와 마주치게 되었다. 마침내 구루에게 달려갔다. "오 구루시여, 오 신성한 현자시여, 제가 무엇을 해야 합니까? 스승님을 뵙기 전에는 원숭이가 어떻게 생겼는지조차 몰랐습니다. 그러나 이제는 명상하기 위해 앉을 때마다, 제 눈에 보이는 것은 온통 원숭이뿐입니다."

이것은 마음을 억지로 가라앉혀 명상하려고 할 때 일어난다. 마음 안에 있는 생각을 걱정하거나 마음으로부터 생각을 지우려고 노력하는 대신, 마음이 무엇인지를 이해하는 것이 훨씬 더 바람직하다. 무엇이 마음인가? 마음은 독립하여 존재하는 실체가 아니다. 우파니샤드는 참나가 마음이 된다고 말한다.[20] 마음은 다름이 아니라 우주를 만들었던 지고의 의식이 응축된 것이다. 프라티야비갸나흐리다얌에 이것을 설명하는 다음과 같은 말이 있다. "순수한 의식에서 내려온 치티(chiti)가 지각된 대상과 일치하기 위하여 수축되는데, 그것이 마음이다."[21] 이 말은 순수한 의식이 내려와 한계를 취할 때, 그 의식이 마음이 된다는 것을 의미한다.

　　마음에 일어나는 생각이나 이미지가 무엇으로 되어 있는지를 생각해 본다면 이것을 이해하기가 쉽다. 마음 안에 일어나는 말, 개 혹은 낙타는 물질로 만들어진 것이 아니다. 그것들은 의식으로 만들어져 있다. 말, 개 혹은 낙타를 만드는 마음의 성분은 우주를 만들었던 것과 같은 의식의 파동에 불과하다고 한다. 프라티야비갸나흐리다얌의 다른 구절에 다음과 같은 말이 있다. "자기 의지의 힘으로, 그것은 자기의 화면 위에 우주를 펼친다."[22] 이 말은 신성한 에너지인 의식이 바깥에 있는 어떤 것의 도움도 받지 않고 그 스스로의 존재로부터 우주를 만들었다는 의미다. 의식이 한계를 받아들여 마음이 될 때, 의식은 끝없는 마음의 우주를 창조하기 시작한다. 바깥에는 수많은 우주가 있다. 그러나 그것 모두는 의식 안에 있다. 이와 마찬가지로, 마음 안에 진동하고 있는 우주를 의식이 아닌 것으로 보아서는 안 된다. 마음을 이런 식으로 볼 수 있다면 매우 훌륭한 명상을 할 수 있을 것이다.

　　마음이 하고 싶은 대로 하도록 내버려두어라. 억제하려고 하지 말라. 일어나고 사라지는 여러 생각을 그냥 목격하기만 하여라. 생각과 이미지가 마음속에 일어나더라도, 그것들은 구체물로 나타나지 않는다는 점을 알아라. 그것들은 오직 의식 안에서 오가는 환영에 불과하다. 아무리 많은 갈망, 소원, 좋거나 나쁜 수많은 생각이 마음속에 일어날지라도, 그것들 모두는 의식의 유희에 불과하다는 사실을 알아야 한다. 생각이나 이미지가 명상 중에 일어날 때, 그 모든 대상들은 참나의 다른 모습에 불과하다는 이해를 갖고서 평등한 자각을 유지하라. 가장 나쁜 생각조차도 신이라는 사실을 자각하라. 이와 같은 이해가 명상에 필수적이다. 마음과 싸우는 것이 아니라 마음을 목격하는 것이 목표다. 자신이 목격자 즉 참나라는 사실을 알고, 마음이 가고 싶어 하는 곳 어디에나 가게 하라. 존재하는 것은 무엇이나 신이라는 것을 자각하며 명상한다면, 마음은 곧 고요해질 것이다. 그것이 최고의 명상일 것이다.

만트라

마음을 다루기 위한 또 하나의 훌륭한 방법이 있는데, 그것은 만트라(mantra)의 도움을 얻는 것이다. 인도에서는 발에 박힌 가시를 빼내기 위한 가장 좋은 방법은 다른 가시를 사용하는 것이라고 말한다. 이와 마찬가지로, 경전에 따르면 생각에 골몰하고 있는 마음을 고요하게 하기 위해서는 하나의 생각인 만트라의 도움을 얻어야 한다고 한다.[23)]

만트라라는 말은 그것을 묵상하는 사람을 보호하고 죄를 씻어 준다는 의미를 지니고 있다. 만트라는 명상의 생명과도 같은 것이며, 모든 방법 가운데서 가장 위대한 것이다. 만트라는 우주적 단어 혹은 소리 진동이다. 그것은 참나의 진동이며, 참나의 진정한 언어다. 만트라 속으로 들어가면, 만트라는 우리를 참나의 자리로 안내한다.

만트라는 글자, 글자가 모인 단어, 단어가 모인 문장으로 되어 있으며, 우리를 그것의 목표로 데려간다. 세속적 삶이든 영적 삶이든, 모든 활동은 만트라로, 단어로 이행된다. 말 없이는 서로 간의 의사소통이 불가능하다.

만트라는 결실을 빨리 맺게 해준다. 위대한 성자 투카람은 "신 이름이 혀끝에 있을 때, 해방은 손안에 있다."라고 말했다. 이 말은 조금도 놀랍지 않다. 세속적인 삶에서, 말은 결실을 즉시 낳기 때문이다. 나는 칭찬이나 매우 아름답다는 몇 마디 말로써 곧바로 당신을 행복하게 할 수 있다. 또는 얼마나 나쁜 사람인지 모르겠다고 몇 마디 욕설을 함으로써 당신을 동요케 할 수 있다.

옛날에 어떤 성자가 만트라에 대하여 얘기하면서, "만트라는 위대하다. 만트라는 우리를 신으로 데려다 준다."고 말하고 있었다. 뒤쪽에 앉아 있던 어떤 사람이 소리쳤다. "어떻게 만트라가 우리를 신에게 데려다 줍니까? '빵, 빵, 빵' 이라고 말한다고 해서 제게 빵이 옵니까?"

"앉아라, 이 못난 놈아!"라고 그 성자가 소리쳤다.

그 사람은 이 말을 듣자 화가 치밀었다. 몸이 떨렸고 머리칼도 곤두섰다. 넥타이조차도 흔들리기 시작하였다. 그는 소리쳤다. " 자칭 성자라 하시면서 어떻게 제게 그런 상스러운 말을 하실 수 있습니까?"

그 성자가 말하였다. "미안합니다. 선생님, 진정하시고 나에게 자초지종을 말해 주시지요."

"뻔뻔스럽게도 자초지종을 나에게 말하라니요! 어떤 말로 나를 모독하였는지 모르오?"

"단지 욕 한마디만 했을 뿐인데, 그것이 그렇게도 큰 영향을 주었군요! 욕 한마디가 이 정도의 결과를 낳을진대, 당신은 왜 지고의 진리인 신 이름이 힘이 없으며 당신에게 영향을 미치지 않을 것이라고 생각하십니까?"라고 그 성자는 말하였다. 욕설이 피를 끓게 할 수 있다면, 신 이름이 우리를 변화시키는 힘을 왜 갖지 못하겠는가?

만트라는 큰 힘을 가지고 있다. 인도의 성자들은 만트라의 힘을 빌려서 불 없이도 온 산을 태울 수 있었다. 그들은 만트라의 힘으로 온 우주를 존재케 할 수 있었다.

경전은 만트라 마헤쉬바라(mantra maheshvara), 즉 "만트라는 신이다."라고 말한다. 신과 신 이름 간에는 아무런 차이가 없다. 다시 말하면, 만트라는 신의 모든 힘을 가지고 있다. 바가바드 기타에서, 크리슈나는 만트로함(mantro'ham), 즉 "(모든 의식들 중에서) 나는 만트라다."[24]라고 말하고 있다. 만트라를 암송할 때, 주의를 안쪽으로 돌려 만트라의 근원에 집중해야 한다. 반복하면 할수록 만트라는 마음, 지성 및 상상의 온 영역에 침투

한다. 그래서 그것들을 완전히 정화한다.

만트라의 의미를 이해하고서 만트라를 반복하는 것이 매우 중요하다. 만트라의 힘을 얻기 원하거나 만트라 속으로 들어가기 원하는 사람은 만트라의 목표는 자신의 참나며, 자신과 만트라와 만트라의 목표 간에는 아무런 차이가 없다는 자각을 가져야 한다. 욕설을 들으면 즉시 자신과 그 말의 대상을 동일시한다. 그래서 그 말은 그렇게도 강한 영향력을 가진다.

만트라가 모욕적인 말만큼 영향을 주지 못하는 유일한 이유는 그만큼 그것과 동일시하지 않기 때문이다. 자신과 만트라와 만트라의 목표를 분리시킨다면 결코 그 만트라의 목표에 이르지 못할 것이다. 케쉬미르 쉐이비즘은 신이 됨으로 신을 명상해야 한다고 말한다. 오직 그때야 우리는 신에 이를 수 있다.[25]

책에 있거나 여러 스승으로부터 얻을 수 있는 만트라는 8천 4백만 개이다. 그러나 의식이 있는, 즉 살아 있는 만트라가 아니고는 효과가 없다. 의식이 있는 만트라란 구루가 자신의 구루로부터 만트라를 받아서 그것을 스스로 반복하여 그 자신의 내면의 참나를 완전히 실현하게 한 만트라를 말한다. 그와 같은 만트라는 구루의 완전한 깨달음의 힘을 지니고 있다. 그 만트라를 명상 중에 반복할 때, 명상은 그 만트라의 깨달음의 힘에 젖어 들게 된다.

참나를 깨달은 구루로부터 지고한 존재의 은총을 주는 힘이 흐르고 있다. 그와 같은 힘이 그 만트라 안에 있다. 전통적으로 구루는 만트라를 통하여 제자를 입문시킨다. 만트라는 구루가 샥티파트를 주는 방법들 가운데 하나다. 큰 사랑과 존경심으로 명상 중에 만트라를 반복한다면, 그 만트라는 내면에서 작용할 것이다. 지고한 구루의 에너지인, 구루의 의식을 지닌 만트라 에너지가 우리에게 들어와 우리 내면의 에너지, 즉 우리 자신의 샥티를 일깨운다.

아사나

◆

명상에서 또 다른 중요한 요인은 앉는 자세 즉 아사나 (åsana)다. 앉는 자세는 요가의 전체 구조가 바탕을 두고 있는 토대다. 요가 수트라(Yoga Sūtras)는 올바르게 앉는 자세는 오랫동안 앉아 있을 수 있는 편안한 자세라고 한다.[26] 명상을 위한 아사나에서 가장 중요한 것은 척추를 똑바로 세우는 것이다. 등이 똑바르면, 마음은 가슴에서 안정된다.

명상에 적합한 자세에는 세 가지가 있다. 앉기가 너무 불편하다면, 사바사나(shavåsana) 즉 송장 자세로 등을 바닥에 대고 누워서 명상할 수 있다. 세 가지 중요한 자세란 파드마사나(padmåsana) 즉 연화좌, 시다사나(siddhåsana) 즉 완벽한 자세, 수카사나(sukhåsana) 즉 쉬운 자세다. 누구나 양다리를 반대편 허벅지 위에 올려놓는 연꽃 자세에 익숙해야 한다. 연꽃 자세는 아주 중요하다. 이 자세로 한 시간이나 한 시간 반 정도 앉는다면, 72,000 나디(nåd¥s) 즉 내부의 미묘한 통로가 완전히 정화될 것이다. 연꽃 자세로 앉을 수 없다면, 한 다리를 반대편 다리에 얹는 자세인 쉬운 자세로 앉아라. 이 자세들 중 어느 하나를 택하여 안정적으로 앉는다면, 마음은 내면으로 향할 것이고 명상은 저절로 일어날 것이다. 몸을 끊임없이 움직이면, 마음은 안정되지 않는다. 자세가 안정되면, 프라나(pråna)가 자동적으로 안정된다. 프라나가 안정되면, 마음이 안정된다. 마음이 안정되면, 가슴에 있는 기쁨을 마시기 시작할 것이다.

프라나야마

명상의 마지막 요인은 프라나야마(prånåyåma) 즉 호흡 과정이다. 사람들은 여러 종류의 프라나야마를 수행하고 있다. 프라나야마를 너무 많이 하여 마음과 지성, 몸을 상하게 하는 사람도 있다. 명상에서의 호흡 과정은 자연스럽고 저절로 일어나는 것이어야 한다. 자연스러운 호흡 리듬을 깨뜨리지 않도록 노력해야 한다.

마음과 프라나는 서로 관련을 갖고서 작용하고 있다. 그러므로 호흡의 리듬을 자연스럽게 하라. 만트라를 반복할 때, 호흡이 만트라의 리듬과 조화를 이루면서 들어오고 나갈 것이다. 그러면 호흡은 저절로 안정될 것이다.

명상의 과정

명상에 관련된 네 요인이 있다. 명상의 대상인 내면의 참나, 참나의 진동인 만트라, 오랫동안 앉아 있을 수 있는 자세인 아사나, 사랑과 존경으로 만트라를 반복할 때 일어나는 자연스러운 프라나야마가 그것들이다. 이 네 요인은 서로 관련되어 있다. 이것이 함께 할 때, 명상은 아주 자연스럽게 일어난다.

참나에 대한 명상은 아주 쉽다. 정말로 필요한 것은 사랑과 관심이다. 명상을 하면 할수록 내면의 샥티가 일깨워져 펼쳐지기 시작한다. 명상을 더욱 갈망할수록, 신을 더욱 갈망할수록, 내면의 일깨움을 더욱 갈망할수록 샥티가 더욱 가까이 온다. 그것을 존중하면 할수록 샥티는 우리 안에 더욱 활동적으로 작용할 것이다. 샥티에 대한 믿음, 샥티, 샥티를 활성화시키는 분인 구루, 이 셋이 함께 할 때 명상은 안에서 폭발할 것이다. 샥티가 바깥세상에서 우주들을 창조하였듯이, 샥티가 안에서 작용하기 시작할 때 그것은 새로운 내면의 우주, 끝없는 열정의 우주, 지고한 희열의 우주를 창조할 것이다.

안에 있는 우주는 바깥에 있는 우주보다 훨씬 더 크다. 너무나 거대하여 외부의 온 우주는 안에 있는 우주의 한 구석에 둘 수 있을 정도다. 모든 것이 그것 안에 포함된다. 이런 이유로 인도의 현자들은 우주의 모든 비밀을 명상 중에 발견할 수 있었다.

우리 안에는 무한한 기적들, 무한한 경이가 있다. 명상 속으로 깊이 들어가면 갈수록 경전에서 읽은 모든 내면의 세상이 실재한다는 것을 이해하게 된다. 이 내면의 공간에는 감미로운 음악이 울려 퍼진다. 모든 악기는 이 내면의 음악을 들은 요기들에 의하여 만들어졌다. 이 세상의 그 어떤 달콤한 것과도 비교할 수 없는 맛있는 감로가 자신 안에 있다. 너무나 빛나는 태양이 있어서 바깥 태양은 그것들 곁에서는 빛을 잃을 것이다. 차근차근 그리고 크나큰 인내심으로 명상을 하면서 몸 안으로 더욱더 깊이 들어가야 한다. 그러면 명상은 내면의 존재를 점차로 펼치기 시작할 것이다.

그 길에서 많은 경험을 할 것이다. 이 경험은 좋다. 그러나 진정한 상태는 그것 너머에 있다. 명상 속으로 더욱 깊이 들어가면 아무것도 볼 수 없는, 그리고 아무것도 들을 수 없는 장소에 이른다. 여기에는 희열 이외에는 아무것도 존재하지 않는다. 이 것이 참나의 자리다. 진정한 명상은 그것 속으로 들어가 그것과 하나가 되는 것이다.[27]

베단타의 현자들은 우리의 영혼은 하나의 몸 안에 있는 것이 아니라 네 가지 몸 안에 있으며, 명상을 하면 이 네 가지 몸을 통과하여 그것 안에 놓여 있는 진리에 이른다고 말한다.[28] 첫 번째는 신체의 몸으로서 그것 안에서 깨어 있는 상태를 경험한다. 이것은 몸과 동일시하는 상태다. 깨어 있는 상태에 있을 때 몸이 고통이나 기쁨을 경험한다면, "나는 고통을 경험하고 있다."라고 말하거나 "나는 즐거움을 경험하고 있다."라고 말한다. 샥티가 이 몸 안에 작용하기 시작할 때, 크리아(kriyås)라고 불리는 신체 움직임을 경험할 수 있다. 그것은 신체적 몸의 정화다. 명상 중에 명상자가 거친 상태에 있을 때는 자신을 둘러싸고 있는, 화염과 같은 붉은 빛으로 된 신체적 몸을 볼 수 있다. 이 빛은 몸의 크기와 같다. 그것 안에서 많은 놀라운 일을 볼 수 있다. 때때로 몸 안에 생명의 힘과 여러 물질이 흐르는 것도 볼 수 있다.

명상이 깊어지면 명상자는 거친 몸에서 미세한 몸으로 넘어간다. 그 몸은 흰빛으로 보인다. 이 빛은 목 중심에 있으며 크기는 엄지손가락만하다. 미세한 몸 안에서는 꿈을 경험한다. 이 상태에서 자신은 신체적 몸과 다르다는 것을 자각한다.

명상자가 더욱 깊이 들어가면, 엄지손가락 크기의 흰빛에서 크기가 손가락 끝만하고 검은 세 번째 몸으로 넘어간다. 이것은 원인의 몸, 깊은 수면의 몸이다. 그것은 완전한 어두움, 완전한 망각의 상태다. 이 상태에서 작은 나는 우주적 참나 안으로 물러난다. 자신이 누구이며 어떤 존재인지도 의식하지 않는다. 이 상태에서 거대한 평화를 경험한다. 이것이 공의 상태다.

그러나 구도자가 구루를 깊이 사랑하고 구루의 은총과 쿤달리니에 대한 믿음이 깊으면, 세 번째 상태에서 네 번째 상태로 넘어간다. 이 상태는 초월의 상태인 투리야(tur¥ya)의 상태로 불린다. 그때 작은 푸른 빛, 우리가 푸른 진주라고 부르는 참나의 빛을 본다.

푸른 진주는 영혼에 가장 가까운 몸이다. 그것은 매우 아름답다. 명상이 깊어지면 가장 높은 영적 중심인 사하스라라 내에서 그것이 불꽃을 튀기면서 빛나고 있는 것을 보기 시작한다. 푸른 진주는 개별적 영혼의 운반체다. 죽으면 영혼이 몸을 빠져나와 다른 세계로 여행한다. 이것은 푸른 진주를 통해서 그렇게 한다. 푸른 진주는 매우 정교하면서도 미묘하며 번개처럼 움직인다. 어떤 때는 푸른 진주가 명상자의 눈에서 나와 앞에 서기도 한다. 너무나 미묘하게 움직이므로 눈은 그것의 통로를 느낄 수 없다.

푸른 진주는 참깨 씨앗 만하다. 그러나 실제로는 너무나 거대하여 온 우주를 담고 있다.[29] 푸른 진주의 역동성 때문에 우리는 기능을 할 수 있다. 푸른 진주가 있기 때문에 호흡이 몸으로 들어오고 나간다. 푸른 진주의 신성한 사랑의 빛이 흐르고 있어서 서로 간의 사랑을 느낀다. 푸른 진주의 빛이 얼굴과 가슴을 빛나게 한다. 다른 사람에게 사랑을 줄 수 있는 것은 이 빛 때문이다. 이 빛이 몸을 떠나면 몸은 빛을 잃는다. 그래서 매력이 사라진다. 그러면 그 몸은 아무에게도 소용이 없을 것이다. 그래서 버려진다. 푸른 진주가 신의 거주처다. 우리 안에 있는 참나의 모습이다. 그것을 안에서 보기 시작하면 다른 사람에서도 보기 시작할 것이다. 명상을 계속하면 어느 날 이 빛이 확장될 것이다. 그러면 그것 안에서 온 우주를 보게 될 것이다. 이 빛 속으로 들어갈 때 당신은 "나는 신이다. 나는 브라만이다."를 알게 될 것이다. 수피 성자 만수르 마스타나가 이 경험을 한 후에 "내 주위에 보이는 모든 것은 다름 아닌 나 자신의 확장이다. 나는 이 몸이 아니다. 나는 모든 곳에 퍼져 있는 빛이다."라고 말하였다.

이 상태가 명상의 절정이다. 이 상태에서 자신의 한계는 사라진다. 개별성이라는 감각은 녹아 사라진다. 신성한 비전을 얻는다. 그래서 더 이상 이 세상을 이원성이나 다양성으로 보지 않는다. 남자와 여자, 동쪽과 서쪽, 과거와 미래 등과 같은 차이를 보는 대신에 이 온 우주가 자신의 참나의 확장이라는 것을 이해하게 된다. 모든 것이 의식의 유희이며, 바다의 물방울과 파도가 바다에서 일어나 바다로 사라지듯이, 존재하는 모든 것은 참나에서 일어나 참나 속으로 사라진다는 것을 깨닫는다.

　명상을 해야 하고 샥티가 일깨워져야 하는 것은 이 상태를 얻기 위한 것이다. 이 상태에 이른 후에는 명상을 하기 위하여 더 이상 눈을 감고 있을 필요가 없다. 명상은 늘 계속되고 있다. 명상하는 동안에는 최고의 희열을 경험하지만, 깨어 있는 상태에서도 사마디(samâdhi)의 즐거움을 경험하며, 온 세계를 참나의 확장으로 본다. 어디를 보더라도 신을 본다. 무슨 말을 들어도 신의 말을 듣는다. 이것이 자연스러운 명상의 상태, 최고 존재의 상태다. 이 상태에서 그는 가슴 안에 있는 희열을 계속 들이킨다.

시다 명상

우리가 명상 수행을 통하여 결국 깨닫고자 하는 바가 '하나'(oneness)라는 이 상태라면, 왜 우리는 처음부터 그것을 이해하고 모든 것이 쉬바라는 자각을 갖고서 명상 수행을 하지 않는가? 이것이 위대한 존재들이 명상하는 방법이다. 자각으로 보기를 배운다면, 명상은 위대해질 것이다. 이러한 방식으로 명상하면 아무런 어려움도 겪지 않을 것이다. 마음을 고요하게 만들 필요조차 없을 것이다. 눈을 감을 필요조차 없다. 케쉬미르 쉐이비즘의 위대한 현자이자 철학자인 우팔라데바(Utpaladeva)는 "온 우주가 신의 영광이라는 자각을 가진 사람은 생각과 환영이 마음속에 일어나더라도 신성을 지닐 수 있다."[30]고 말하였다.

진실로 말하자면, 모든 것이 의식이다. 사물을 다르게 보는 것은 제한적인 개별적 감각 때문이다. 남자는 의식이다. 여자는 의식이다. 개는 의식이다. 당나귀는 의식이다. 돌은 의식이다. 산은 의식이다. 이것이 진정한 이해다. 이것이 명상을 통하여 얻는 지식이다. 이 지식을 얻는 순간, 모든 것을 있는 그대로 이해하기 시작한다.

제한적인 감각을 떨쳐 버리고 이 이해를 얻기 위해서는 쉬바 사다나를 수행해야 한다. 당신은 "나는 쉬바 즉 신이다. 명상하고 있는 자는 신이다. 명상의 모든 대상은 신이다. 나의 사다나는 신이다. 내가 보는 모든 사람과 모든 사물은 신이다."를 이해해야 한다. 당신은 오랫동안 "나는 한 개별적 존재다. 나는 작은 존재다. 나는 한계를 지닌 존재다."라는 자각을 갖고 살아왔다. 이런 이유로 "나는 신이다."라는 자각을 직접 받아들이기가 어렵다. 자신이 죄인이라는 말을 평생 들어왔다. 스승, 모든 성스러운 책, 여러 종교의 길을 추구하는 사람들은 당신이 죄인이며 그 사실을 믿어야 한다는 말을 계속해 왔다. 그리하여 당신은 정말로 순수하고 죄로부터 자유로운 참나에게 죄라는 관념을 부과한다. 잘못된 것과 동일시하도록 만드는 것은 이 잘못된 이해 때문이다. 그러면 그 사람은 자신을 향상시킬 수 없고, 참나에 대한 믿음을 가질 수 없다. 또한 참나에 마음이 모아지지 않는다. 케쉬미르 쉐이비즘은 어떤 사람이 "나는 이것이다. 나는 그것이다. 나는 죄인이다. 나는 열등한 사람이다."라고 생각하기 시작할 때 그 사람의 샥티는 약해지며, 그러한 말이 그 사람을 하나의 개별적 존재로 만든다고 가르친다.

베단타는 이것을 이야기로 종종 설명하고 있다. 어느 날 세탁부가 당나귀에게 풀을 뜯어 먹이러 숲으로 갔다. 그곳에서 우연히 새끼 사자를 만났다. 그는 그것이 사자인지를 미처 몰랐다. 그 어린 것을 집으로 데리고 왔다. 그 어린 새끼 사자는 당나귀와 함께 자랐다. 그 새끼 사자는 당나귀와 함께 살면서 당나귀의 만트라인 "히힝, 히힝"이라는 소리를 반복했다. 그들과 더불어 먹으면서 더러운 빨랫감을 지고 강을 따라 오르내리기 시작하였다. 사자는 자라면서 자신을 당나귀라 생각하고 당나귀의 습관과 방식을 따랐다.

어느 날 당나귀와 더불어 강둑에서 풀을 뜯고 있을 때, 다른 사자가 물을 먹으러 강가에 왔다. 이 사자는 물을 먹고 있다가 당나귀 사이에 있는 젊은 사자를 우연히 보았다. 나이든 사자는 그와 같은 애처로운 상황에 처해 있는 자신의 형제를 보고 충격을 받았다. 그래서 가까이 다가가서 "형제여, 이게 무슨 꼴인가?"라고 물었다.

"나는 나의 형제와 같이 있다."라고 젊은 사자가 대답했다.

"그들이 어떻게 네 형제인가? 그들은 당나귀고 너는 사자다. 나와 함께 물가로 가서 물 속에 비친 네 모습을 보아라. 네 모습과 나의 모습을 비교해 보라. 같은 점이 있는지 보라."

젊은 사자는 물 속에 비친 자신의 모습이 나이든 사자의 모습과 꼭 같다는 사실을 알았다.

"그들이 너의 형제인가, 내가 너의 형제인가? 이제 '히힝'이라는 소리를 그만두고 포효하기 시작하라!"

그 젊은 사자는 포효하기 시작하였다. 그러자 모든 당나귀가 달아났다. 두 마리 사자는 숲 속으로 달려갔다. 젊은 사자는 당나귀로부터 사자로 변형되었다. 그는 자유롭게 되었다.

실제로 새끼 사자는 결코 당나귀가 된 적이 없었다. 단지 자신이 당나귀라고 생각했을 뿐이다. 이것은 우리가 처한 상황 때문이다. 우리는 당나귀가 아니다. 우리는 한계가 있는 불완전한 존재가 아니다. 우리는 죄인이 아니다. 우리는 결코 작아지지 않았다. 단지 작다고 믿고 있었을 따름이다. 그러므로 이 믿음을 버리고 자신의 강함을 자각해야 한다. 케쉬미르 쉐이비즘은 우주적 의식인 치티(chiti)가 한계를 받아들이자 자신이 한정된 것으로 믿기 시작했다고 말한다.[31] 치티가 순수 의식의 상태로부터 하강함에 따라 점점 더 작아지는 것과 마찬가지로, 그 과정을 되돌려 놓을 때 그것은 더욱더 커질 수 있다. 그것의 원래 상태를 되찾을 수 있다. 변화되어야 하는 것은 오직 자각이다. 우리는 결코 당나귀가 되지 않았다. 우리는 순수한 참나이기 때문에 결코 당나귀가 될 수 없다.

잘못된 이해를 버리고, 어떤 새로운 시도를 하지 않아야 한다. 해야 할 모든 것은 명상이다. 사실은 신의 상태에 이르기 위하여 명상하는 것이 아니라, 신이 자신 안에 있다는 것을 자각하기 위하여 명상한다. 케쉬미르 쉐이비즘은 "나쉬밤 비디야테 크바칫(Nåshivam vidyate kvachit), 즉 쉬바가 아닌 것은 아무것도 없다."[32]라고 말한다. 쉬바가 없는 곳이 어디에 있겠는가? 쉬바가 존재치 않는 시간이 어디에 있겠는가? 이원성을 경험하거나 주위에 다양성을 볼지라도, 자신을 쉬바라고 생각하라. 음식을 먹고 있는 자가 쉬바이고, 먹히는 음식이 쉬바이고, 주는 자가 쉬바이고, 받는 자가 쉬바라고 이해하라. 모든 것을 행하고 있는 이가 쉬바다. 온 우주는 쉬바의 영광, 참나의 영광이다.

명상할 때의 유의점

명상을 위한 준비

명상을 위한 별도의 장소를 마련하는 것은 매우 좋다. 가능하면 따로 방을 마련하라. 그렇게 하기 어렵다면 방의 한 구석이라도 좋다. 신 이름을 찬양함으로써 그곳을 정화하라. 그곳의 분위기를 해칠 수 있는 것은 두지 말라. 규칙적으로 명상하는 곳에 명상의 진동이 모인다. 그래서 조만간에 거기서 명상하는 것이 아주 쉬워질 것이다. 마찬가지 이유로, 명상을 위한 특별한 옷과 방석을 준비하라. 너무 자주 세탁하지 말라. 샥티가 그것 내에 축적되어 있어서 명상하는 것을 쉽게 하기 때문이다.

가능하면 매일 같은 시간에 명상하라. 이른 아침 3시에서 6시 사이의 시간이 명상하기에 가장 좋다. 그러나 편리한 어느 시간에나 명상할 수 있다. 특정한 시간에 명상하는 습관이 붙으면 몸은 명상 습관을 발전시킬 것이다. 나는 오랫동안 매일 아침 3 시경에 명상을 해 왔다. 그래서 나의 몸은 지금도 그 시간이 되면 자동적으로 명상 속으로 들어간다.

명상의 태도

잠 속으로 쉽게 빠져드는 것처럼 명상 속으로 쉽게 들어갈 수 있어야 한다. 평화스럽게 앉아라. 스스로와 더불어 있어라. 마음을 내면의 의식, 내면의 아는 자에게 집중하라. 자연스럽게 호흡이 일어나도록 하면서 그것을 관찰하라. 아무것도 강제하지 말라. 내면의 참나 안으로 몰입하라. 마음과 감각을 내면으로 향하게 하라. 자신을 순수한 '나' 속으로 몰입시켜라.

생각이 일어나면 스스로 오가게 내버려두라. 생각의 근원을 목격하라. 자신이 마음의 목격자라는 자각을 갖고서 명상하라. 진정한 명상은 마음 작용으로부터 자유롭게 되는 것이다. 생각이 정지되는 순간, 참나의 빛이 안으로부터 밝아 올 것이다. 마음이 생각으로부터 즉각 자유롭게 되지 않는다고 해서 강제로 생각을 없애려 하지 말라. 마음 안에 오가는 것은 무엇이나 참나의 모습이라는 사실을 이해하고서 마음을 존중하라. 그러면 마음은 스스로 정지할 것이다.

·

마음을 정지시키는 데 만트라의 도움을 얻을 수도 있다. 옴 나마 쉬바야(Om Namah Shivåya)나 소함(So'ham) 중 어느 하나를 반복하라. 두 만트라는 하나다. 둘은 참나로부터 온 것이다. 반복하는 방법만이 다르다.

옴 나마 쉬바야

옴 나마 쉬바야는 "내면의 참나로 계시는 신을 섬깁니다." 라는 의미다. 말할 때와 같은 속도로 조용히 반복하라. 사랑으로 반복하면서 깊이 안으로 들어가라. 자신이 그 만트라의 신이라는 사실을 이해하라. 그것에 귀를 기울여라. 매 글자가 마음 안에 고동치면, 그것을 경험하도록 노력하라.

명상 속으로 몰입하라. 무슨 느낌이 일어나더라도 그냥 두어라. 두려워하지 말라. 내면의 에너지는 무한한 기법, 과정 그리고 느낌으로 채워진다. 그것의 유희는 모든 것 안에 작용한다. 모든 것이 그것에 속한다. 그것은 당신의 참나와 하나다.

명상의 목적은 내면의 행복, 내면의 평화를 얻는 데 있다. 비전을 가지는 것은 좋다. 그러나 절대적으로 필요한 것은 아니다. 필요한 것은 내면의 즐거움이다. 모든 감각이 잠잠해지고 희열을 경험할 때, 그것이 깨달음이다. 세상은 즐거움으로 되어 있다. 즐거움은 어디에나 놓여 있다. 즐거움을 발견하고 즐거움을 얻어라. 부정적인 생각을 갖는 대신에, "나는 순수하다. 나는 기쁘다."라는 자각을 가져라. 자신을 좋게 느껴라. 자신을 위대한 신성으로 채워라.

"나는 신과 다르지 않으며, 신은 나와 다르지 않다."라는 이해를 가지고 명상하라. 그때 신의 상태를 얻을 뿐만 아니라, 자신이 신이 될 것이다.

모든 것이 당신이며 당신이 모든 것이라는 자각을 갖고서 고요하라.

당신의 참나를 명상하라. 당신의 참나를 존중하라. 당신의 참나를 이해하라. 신은 당신의 모습으로 당신 안에 계신다.

당신의

스와미 묵타난다

부 록

산스크리트 발음 안내

◆

독자의 편의를 위하여, 시다 요가 책자와 수행 과정에서 가장 빈번하게 사용되고 있는 산스크리트와 힌디어를 그대로 음역하여 로마체로 본문에 표기하였다. 예를 들면 *Íaktipåta*는 *shaktipat*, *sådhanå*는 *sadhana*가 그것이다. 장모음은 표기하였다. 각 산스크리트 용어에 대한 표준 국제 음역은 〈주석〉과 〈용어 해설〉에서 괄호 안에 표시해 두었다.

산스크리트에 익숙하지 않은 독자를 위하여, 다음의 내용은 발음을 위한 안내이다.

모음

산스크리트 모음은 장음 혹은 단음으로 나뉜다. 영어 음역에서, 장모음은 글자 위에 가로줄로 표기되어 있으며, 단 모음보다 두 배정의 긴 소리로 발음한다. *E, ai, au*그리고 *o*는 항상 장

•

81

모음으로 발음된다.

단모음 :	장모음:	
cup에서 *a*	calm에서 *å*	aisle에서 *ai*
give에서 *i*	save에서 *e*	cow에서 *au*
full에서 *u*	seen에서 *¥*	school에서 *ū*
	know에서 *o*	

자음

산스크리트와 영어 자음 발음 사이의 주요한 차이점은 기음 (aspirate)과 반전음(retroflex) 글자이다.

기음은 분명한 *h*소리를 가진다. 산스크리트 문자 *kh*는 in*kh*orn처럼, boat*h*ouse의 *th*처럼, loo*ph*ole의 *ph*처럼 발음한다.

반전음은 혀끝을 입천장 앞쪽에 스치듯이 소리를 낸다. 예를 들면, *t*는 an*t*의 *t*처럼 발음하고 en*d*의 *∂*처럼 발음한다.

마찰음(sibilant)은 *ß*, *∑*, 그리고 *s*이다. *ß*는 *sh*로 발음하는데, 입천장 안쪽을 혀끝으로 스치는 소리이다. *∑*는 혀끝이 입천장 앞쪽을 스치는 *sh*로 발음한다. *s*는 history의 *s*처럼 발음한다.

다른 특유한 자음은 다음과 같다.

*ch*urch에서 *c*	*μ*은 강한 비음이다.
pit*ch-h*ook에서 *ch*	˙는 강한 기음이다.
ca*ny*on에서 *ñ*	*wr*itten에서 ®

상세한 발음 안내가 SYDA Foundation에서 출판된 The Nectar of Chanting에 나와 있다.

주 석

1. 바가바드 기타*Bhagavadgÿtå*, 13. 2.

    idaµ ßar¥raµ kåunteya k∑etram ity abhidh¥yate/

    etad yo vetti taµ pråhu˙ k∑etrajña iti tadvida˙//

2. 바가바드 기타*Bhagavadgÿtå*, 13.3.

    k∑etrajñaµ cåpi måµ viddhi sarvak∑etre∑u bhårata

3. 아트마보다*Ótmabodha*, 36.

4. 찬도기요파니샤드*Chåndogyopani∑ad*, 7.6.1를 보라.

5. "집착, 갈망, 쾌락, 고통은 마음이 작용하는 한 존재하는 것으로 지각된다. 그

    러므로 그것들은 오로지 마음에 속하는 것이지 참나에 속하는 것은 아니다."

    라는 아트마보다*Atmabodha*, 22를 보라.

6. 브리하자발로파니샤드*B®hajjåbålopani∑ad*, 8.6.

7. 크쉐마라자, 프라티야비갸나흐리다얌*Pratyabhijñåh®dayam*, 1.

    citi˙ svatantrå vißvasiddhihetu˙

8. 쿤달리니*kundalin¥*에 대하여 더 알고자 한다면, 스와미 묵타난다의 《쿤달리

    니: 삶의 비밀*Kundalini: The Secret of Life*》과 《의식의 유희*Play of*

Consciousness》를 보라. 또한 스와미 크리파난다의 《신성한 힘*The Sacred Power*》을 보라. 이 책 모두 시다 파운데이션에서 출판되었다.

9. 여기서 지식이란 감각, 마음 혹은 지성의 도움이 없이 참나가 그것 자신을 밝힘으로써 '보이는' 직접적인 지각을 말한다.

10. 비갸나바이라바*Vijñånabhairava*의 98: icchåyåm athavå jñåne jåte cittaµ niveßayet/ åtmabuddhyananyacetas tatas tattvårthadarßanam//
   즉 "갈망이나 지식 혹은 행위가 나타날 때, 마음이 (갈망이나 지식 등) 모든 대상들로부터 물러나게 한 뒤, 마음을 그 갈망에 고정시키고 그 갈망을 참나로 이해해야 한다. 그때 본질적인 실재에 대한 깨달음을 가질 것이다."를 보라.

11. 요가 바시슈타*Yoga Våsi∑†ha*

12. 이 문맥에서 쉬바란 힌두 신을 언급하는 것이 아니라, 모든 곳에 퍼져 있는 의식 즉 신을 의미한다. 쉬바는 그것의 이름 중 하나이다.

13. 아비나바굽타의 《탄트라사라*Tantrasåra*》의 "사다나가 쉬바를 드러나게 할 수 없다. 질그릇이 태양을 빛나게 할 수 있는가?"를 보라.

14. 비록 참나는 스스로 빛나며, 경험되기 위하여 바깥의 매체에 의존하지 않지만 지성, 마음 그리고 다른 도구가 참나에게 다가가는 수단이 된다. 그러므로 참나 깨달음은 그것들이 정화되고 깨끗해지지 않는 한 일어날 수 없다.

15. 파탄잘리의 《요가 수트라*Yogasūtra*》, 1.2의 yogaß citta-v®itti-nidroha˙, 즉 "요가는 마음의 파동을 정지시키는 것이다." 그리고 1.3의 tadå dra∑†u˙ svarūpe 'vasthånam, 즉 "그때 보는 자가 자신의 본질적 성품 안에 자리 잡

•

85

는다."를 보라.

16. 요가 수트라*Yogasūtra*, 3.1.

17. 브리하다라니야코파니샤드*B®hadāra˘yakopani∑ad*, 3.7.20.

18. 케노파니샤드*Kenopani∑ad*, 1.5.

19. 바가바드 기타*Bhagavadg¥tå*, 13.15.

sarvendriyagunåbhåsaµ sarvendriyavivarjitam/

asaktaµ sarvadh®c cåiva nirguˆaµ guˆadbhokt® ca//

20. 문다코파니샤드*Mu˘∂akopani∑ad*, 2.1.3 "그로부터 생명, 마음, 모든 감각 기
    관이 태어났다."

21. 프라티야비갸나흐리다얌*Pratyabhijñåh®dayam*, 5.

citireva cetanapadådavarū∂håcetyasaĺkocin¥ cittam

22. 프라티야비갸나흐리다얌*Pratyabhijñåh®dayam*, 2.

svecchayå svabittau vißvam unm¥layati

23. 요가 수트라*Yogasūtra*, 1.27-29를 보라. 《요가 수트라*Yogasūtra*》의 초기 주
    석가인 비야사에 의하면, "만트라의 반복과 만트라의 목표에 대한 묵상은
    마음을 집중하게 한다."

24. 바가바드 기타*Bhagavadg¥tå*, 9.16.

25. 소마난다의 《쉬바 드리스티*Íiva D®∑†i*》의

ßivo 'smi sådhanåvi∑†aˑ ßivo 'haµ yåjako 'pyaham/

ßivam yåmi ßivo yåmi ßivena ßiva sådhanaˑ//

"나는 쉬바의 모습이다. 나는 쉬바를 얻을 것이다. 그가 됨으로써 나는 그에

•

86

이를 것이다. 나는 쉬바이기 때문에 쉬바의 성품을 아주 쉽게 얻을 것이다. 이것이 쉬바에 이르기 위한 사다나다.”라는 자각을 갖고서 사다나를 하라.

26. 요가 수트라*Yogasūtra*, 2.46.

27. 이 상태에서는, 마음과 감각이 정지되지만 완전한 자각이 있다. 스와미 묵타난다의 《의식의 유희*Play of Consciousness*》, 〈마지막 깨달음〉을 보라.

28. 네 몸에서의 명상에 대한 자세한 내용을 알고 싶으면, 스와미 묵타난다의 《의식의 유희*Play of Consciousness*》를 보라.

29. 17세기 마하라쉬트라 주의 시인이자 성자인 투카람은 자신의 시에서 “우주의 양육자인 신은 참깨 씨앗만큼 작은 곳을 자신의 거주처로 하고 있다.”라고 말하였다.

30. 이슈바라프라티야비갸냐*Áßvarapratyabhijñå*, 4.1.12.

sarvo mamåyaµ vibhava ityevaµ parijånatah/

vißvåtmano vikalpanaµ presre 'pi maheßatå//

31. 프라티야비갸냐흐리다얌*Pratyabhijñåh®dayam*, 9.

cidvat tacchakti-sa∫kocåt malåv®ta˙ saµsår¥. 즉 “우주 의식이 응축되어 한계라는 제한을 받는 보통의 존재가 되었다.”라고 말한다.

32. 스와찬다탄트라*Svacchandatantra*. 스와미 묵타난다의 《쉬바이지 않은 것은 존재하지 않는다*Nothing Exists That Is Not Íiva*》에서 인용.

•

용어 해설

가네쉬푸리

인도의 마하라쉬트라 주 만다그니 산자락에 있는 마을 이름. 수천 년 동안 요기들이 이곳에서 영적 수행을 하였음. 이곳에 바가완 니티아난다가 머물렀음. 스와미 묵타난다가 구루인 바가완 니티아난다의 명령에 따라 이곳에 아쉬람을 설립함. 구루데바 시다 피스를 보라.

구루[guru]

신과 하나가 되었으며, 구도자를 입문시켜 해방으로 가는 영적 길로 안내할 수 있는 영적 마스터. 구루는 경전에 대한 배움이 있어야 하며 마스터의 맥에 속해야 한다. 샥티파트와 시다를 보라.

구루데바 시다 피스

(문자적으로는 '시다들의 자리'.) 인도의 가네쉬푸리에 있는 시다 요가의 주 아쉬람. 스와미 묵타난다의 사마디 성소가 있는 곳. 아쉬람, 가네쉬푸리를 보라.

구루마이

스와미 치드빌라사난다를 부르는 데 종종 사용되는 존경과 총애의 말.

나스루딘 쉐이크

중세의 터키 민속에 나오는 인물. 스승들이 인간 마음의 익살스러움을 예로 들기 위하여 그의 이름을 자주 인용하였음.

니티아난다 바가완

(d. 1961) 위대한 시다 마스터, 스와미 묵타난다의 구루, 또한 바데 바바 ('원로' 바바)로도 알려져 있음. 그는 시다로 태어났으며 평생 최고로 높은 의식 상태로 살았음. 인도 가네쉬푸리의 구루데바 시다 피스와 뉴욕의 슈리 묵타난다 아쉬람의 명상홀이 바가완 니티아난다를 기리기 위하여 바쳐졌음.

다라나 [dhåra^å]

한 대상에 고정시킴으로써 마음을 안정시키는 집중 요가 수행. 안에 있는 신의 경험으로 나아가게 하는 영적 수련.

라마 [Råma]

(문자적으로는 '기쁘거나 혹은 즐거운 사람'.) 신 비슈누의 일곱 번째 화신. 정의의 구현이며 위대한 헌신의 대상. 인도 서사시 라마야나*Råmåyana*의 중심인물.

마하사마디 [mahåsamådhi]

(문자적으로는 '위대한 결합'.) 깨달은 요기의 의식은 그가 죽을 때 몸으로부터 떠남.

만수르 마스타나

(852–922) 삶의 대부분을 바그다드에서 살았던 시인이자 성자이며 수피 고행승. 그는 아날-하크*Ana'l-hagg*, 즉 "나는 신이다."라는 말을 함으로써 이교도라는 죄목으로 교수형을 당했음. 당시의 정통 이슬람인들은 그 말을 용납할 수 없었음.

만트라 [mantra]

(문자적으로는 '신성한 탄원'.) 신의 이름. 반복함으로써 개인을 보호하고 정화하고 변형시키는 힘이 들어 있는 성스러운 단어 혹은 신성한 소리.

바가바드 기타 [bhagavadg¥tå]

(문자적으로는 '신의 노래'.) 대서사시 마하바라타*Mahåbhårata*에 있음. 가장 위대한 영적 문헌 중의 하나. 크리슈나는 전쟁터에서 아르주나에게 해방으로 가는 길을 설명함. 아르주나와 크리슈나를 보라.

바가완 [bhagavån]

(문자적으로는 '신'.) 영광스러우며 뛰어난 존경할 만한 자. 위대한 영광이

라는 의미. 바바 묵타난다의 구루는 바가완 니티아난다라고도 알려져 있음.
니티아난다 바가완을 보라.

바시슈타

전설적인 성자이자 신 라마의 구루. 요가 바시슈타*Yoga Vâsishtha*에 나옴.
죽음 및 인간의 고통에 관한 신 라마의 질문에 답하여, 세상은 자신이 보는
대로 존재하며 마음이 정지될 때 그 환영이 그친다는 가르침을 주었음.

베단타 [vedânta]

(문자적으로는 '베다의 끝'.) 인도 여섯 정통 철학파 중의 하나. 우주의 토
대인 하나의 지고한 원리가 있다는 것을 의미하는 아드바이타('불이의') 베
단타로서 동일시됨. 우파니샤드를 보라.

브라만 [brahman]

베다 철학에서 말하는 절대적 진리 혹은 모든 곳에 퍼져 있는 지고한 우주
의 원리.

브리하자발로파니샤드 [b®hajjâbâlopani∑ad]

아타르바 베다*Atharva veda*로부터 나온 작은 우파니샤드로서, 신 쉬바의
형상인 칼라그니 루드라가 신성을 드러낸 내용임. 우파니샤드를 보라.

비갸나바이라바 [vijñånabhairava]

케쉬미르 쉐이비즘의 원리에 기초를 둔 요가의 길에 대한 설명. 7세기 경에 원래 산스크리트로 계시된 112개의 다라나*dhåranås* 즉 집중의 기법을 모은 것인데, 그 중 어느 하나라도 신과 결합하는 경험을 줄 수 있음. 다라나를 보라.

비스타미 하즈릿 바야짓

(777-848) 페르시아 북동 지역의 수피 고행승이자 성자. 신과의 신비적 완전한 합일을 대담하게 노래한 수많은 시들을 남김. 아브 야짓 알-비스타미라고도 알려져 있음.

사다나 [sådhanå]

1) 영적 수행 혹은 길.
2) 영적 길로 안내하는 신체 및 정신적 수행.

사마디 [samådhi]

절대자와의 명상적 결합의 상태. 마하사마디를 보라.

사하스라라 [sahasråra]

머리의 왕관 부분에 있는 천 개의 연잎으로 된 영적 에너지의 중심. 거기에서 의식의 최고 상태를 경험함. 차크라와 쿤달리니를 보라.

상카라차리야

(788-820) 온 인도에 절대적 불이론인 아드바이타 베단타 철학을 펼침. 오늘날까지도 존재하고 있는 수도원의 질서를 세운 유명한 성자. 그의 많은 저서 중에 '식별의 최고의 보석'이라는 의미인 비베카 츄다마니*Viveka Chūdåmani*가 있음.

샥티 [ßakti]

영적 힘. 쉐이바이트 철학에 의하면, 우주를 창조하고 유지하는 신성한 우주적 힘. 신성한 의식의 내재적 측면.

샥티파트 [ßaktipåta]

(문자적으로는 '은총이 내려옴'.) 시다 구루가 구도자 속으로 영적 에너지를 전달하는 요가적 입문. 그것을 통하여 구도자 내에 잠재되어 있는 쿤달리니*kundalin¥*가 일깨워짐. 구루, 쿤달리니, 샥티를 보라.

소함 [so'ham]

(문자적으로는 '나는 그것이다'.) 소함*So'ham*은 들어오고 나가는 매 호흡과 더불어 자연스럽게 일어나는 참나의 진동을 나타내고 있음. 소함을 자각함으로 구도자는 개인적인 나와 지고의 참나와의 동일시를 경험함. 함사 *Hamsa*라고도 반복됨.

순다르다스

(1596-1689) 델리에 살았던 시인이며 성자. 영적 마스터와 제자의 조건의 의미에 대하여 정교한 기록을 남김. 그의 바잔*bhajans* 즉 헌신의 노래를 모은 것이 순다르 그란타바티*Sundar Granthavåti*임.

쉬바 [ßiva]

1) 지고의 실재에 대한 이름.

2) 힌두의 세 신 중의 한 분. 파괴의 신. 요기들은 종종 자신과 지고의 참나와의 동일시를 저해하는 장애물을 파괴하는 자로 이해하고 있음.

쉬바 수트라 [ßivasūtra]

쉬바가 9세기 성자 바수굽타차리야에게 건네준 산스크리트 경전. 케쉬미르의 바위 위에 기록되어 있다고 알려져 있는 77 수트라, 즉 경구로 되어 있는 경전. 쉬바 수트라*Shiva Sūtras*는 케쉬미르 쉐이비즘으로 알려져 있는 철학파에게 권위 있는 경전으로 인정되고 있음. 케쉬미르 쉐이비즘을 보라.

시다 [siddha]

깨달은 요기. 단일 의식 상태에 살고 있는 사람. 지고의 참나와의 경험이 중단되지 않으며 자아와의 동일시가 소멸된 자.

시다 요가[siddhayoga]

(문자적으로는 '완전한 요가'.) 샥티파트, 즉 시다 구루의 은총에 의하여 내면의 일깨움으로 시작되는, 개인과 신의 일치의 길. 시다 요가*Siddha Yoga*는 스와미 묵타난다가 1970년에 서구에 처음 도입한 이 길에 붙인 이름. 구루마이 치드빌라사난다는 이 계보의 살아 있는 마스터임. 구루, 쿤달리니, 샥티파트를 보라.

아르주나

마하바라타 시대의 영웅적 전사. 신 크리슈나의 위대한 제자. 바가바드 기타는 크리슈나가 아르주나에게 준 가르침임. 바가바드 기타와 크리슈나를 보라.

아사나[åsana]

1) 몸을 강하게 하고, 정화하며, 마음의 일점 지향을 계발하기 위한 요가 자세.

2) 명상을 위해 앉는 자리 혹은 매트.

아쉬람[åßrama]

구루 혹은 성자가 거주하는 장소. 구도자들이 영적 수행을 하고 요가의 신성한 가르침을 공부하는 수도처.

아파나 [apåna]

프라나*pråna*의 다섯 모습 중의 하나인 들이쉬기. 복부와 몸에서 나온 찌꺼기를 배출하고자 아래쪽으로 움직이는 에너지. 프라나를 보라.

아함 브라마스미 [ahaμ brahmåsmi]

베단타의 네 가지 위대한 선언(mahåvåkyas) 중 하나. "나는 브라만이다. 즉나는 지고의 절대자다."라는 의미다. 베단타를 보라.

옴 [oμ]

우주가 나오도록 한 최초의 소리. 모든 만트라의 내적 본질.

옴 나마 쉬바야 [oμ namaˑ ßivåya]

(문자적으로 옴*om*은 쉬바에게 인사를 한다는 뜻.) 시다 요가 계보의 산스크리트 만트라. 세속적인 성취와 영적 깨달음 둘 다를 허락하고 회복시켜 주는 힘이 있는 위대한 만트라로 알려져 있음. 여기서 쉬바는 내면의 참나를 지칭함.

우파니샤드 [upani∑ad)

(문자적으로는 '가까이에 앉음' 혹은 '비밀의 가르침'이라는 의미.) 고대인도 현자들의 영감으로 얻어진 가르침, 비전 그리고 신비적 경험. 다양한 모습을 지닌 이 경전들은 100권이 넘는데, 그 모든 것들이 '개인의 영혼과 신

은 하나'라는 필수적인 가르침을 주고 있음. 베단타를 보라.

요가[yoga]

(문자적으로는 '결합'.) 구도자로 하여금 마음의 한결같음, 고통과의 단절 및 초연으로 안내하는 영적 수행과 수련. 궁극적으로 요가의 길은 참나의 항상적인 경험으로 안내함.

요가 수트라[yogasūtra]

4세기 현자 파탄잘리에 의하여 기록된 아포리즘을 모은 경전. 요가 즉 결합의 상태를 위한 여러 방법을 기술하고 있음. 그 상태에서는 마음의 움직임이 그치고 마음의 목격자가 그 자신의 희열 속에 쉰다.

요기[yogi]

1) 요가를 수행하는 사람.

2) 요가 수행으로 완성을 얻은 존재.

요가를 보라.

의식

온 우주를 창조하고 유지하고 두루 퍼져 있는, 지성적이며 지고의 독립적인 신성한 에너지. 치티, 샥티를 보라.

자아

요가에서 몸, 마음 그리고 감각과 동일시되는 제한된 의미로서의 '나'. 때
때로 '고통의 장막'이라고 기술됨.

절대자

최고의 실재. 지고의 의식. 순수하고 때가 없고 변화가 없는 진리.

차크라[cakra]

(문자적으로는 '바퀴'.) 미묘한 몸 안에 위치하고 있는 에너지 중심. 일곱
개의 주요 차크라가 있음. 쿤달리니 에너지가 일깨워질 때, 척추의 기반부
에 있는 물라다라 차크라*mūlådhåra chakra*로부터 머리의 왕관 부분에 있
는 사하스라라*sahasråra*로 그 에너지가 흐른다.

참나

마음의 목격자, 혹은 순수한 나-자각으로 묘사되는 개인 내의 신성한 의식.

치드빌라사난다 스와미

(문자적으로는 '의식이 유희할 때의 희열'.) 구루마이가 1982년 승려로 입
문할 때 자신의 스승인 스와미 묵타난다로부터 받은 이름.

치티 [citi]

신성한 의식 에너지. 신의 창조적 측면. 쿤달리니와 샥티를 보라.

케나 우파니샤드 [kenopani∑ad]

주요 우파니샤드 중 하나. 브라만이 지고의 실재이며 브라만에 의하여 마음, 언어 그리고 감각이 기능한다고 설명하고 있음. 우파니샤드를 보라.

케쉬미르 쉐이비즘

형상이 없는 지고의 원리인 쉬바가 어떻게 우주로서 나타나게 되었는지에 대한 케쉬미르 성자들의 설명을 토대로 한 쉐이바이트 철학의 한 전통. 베단타와 함께 케쉬미르 쉐이비즘은 시다 요가 명상의 기본 경전임.

쿤달리니 [ku˘∂alin¥]

(문자적으로는 '똬리를 틀고 있는 것'.) 척추의 기반부에 똬리를 틀고 있는 지고의 힘, 원초적 샥티 혹은 에너지. 이 극히 미묘한 에너지는 은총의 하강(샥티파트)을 통하여 일깨워지며 전 존재를 정화하기 시작한다. 중심 채널(수슘나 나디 *sushumnå nåd¥*)을 통하여 상승하면서 여러 미묘한 에너지 중심(차크라)을 관통하여 마침내 머리의 왕관 부분에 있는 사하스라라에 이름. 거기에서 개인적인 나는 지고의 나 속으로 들어가며, 생사의 윤회는 종말에 이른다. 차크라와 샥티파트를 보라.

크리슈나[K®i∑hˆa]

(문자적으로는 '검은 피부의 존재'.) 비슈누의 여덟 번째 화신. 크리슈나가 자신의 제자 아르주나에게 준 영적 가르침이 바가바드 기타에 있음. 아르주나와 바가바드 기타를 보라.

크리야[kriyå]

쿤달리니가 일깨워짐으로써 시작되는, 더욱 높은 명상의 상태를 준비시키는 신체적, 심리적, 정서적 움직임.

투리야[tur¥ya]

깨어 있음, 꿈, 꿈 없는 상태 너머에 있는 네 번째 혹은 초월의 상태. 그 속에서 실재의 진정한 성품이 직접적으로 경험됨. 사마디*samådhi* 즉 깊은 명상의 상태.

투카람 마하라자

(1608-1650) 마하라쉬트라 주의 데후라는 마을에서 식료품 가게를 하였던 시인이자 성자. 꿈속에서 입문을 받았음. 투카람은 수많은 헌신의 노래를 지었으며, 그들 중 많은 것들은 자신의 영적 경험과 신성한 이름의 영광을 기술하고 있음.

파탄잘리

14세기 성자. 인도의 여섯 정통 철학파 중의 하나를 창시하였으며, 명상의 권위 있는 교본인 유명한 요가 수트라*Yoga Sūtras*의 저자.

푸른 진주

(산스크리트로는 닐라 빈두*n¥la bindu*임.) 쿤달리니 에너지가 일깨워졌을 때 명상자에게 나타나는 조그만 씨앗 크기의 빛나는 푸른 빛. 내면의 참나의 미묘한 거주처다.

프라나 [(pråˆa]

개인의 몸과 전 우주 둘 다에 생명을 주는 힘.

프라나야마 [pråˆåyåma]

(문자적으로는 '호흡의 억제'.) 마음의 고요로 안내해 주는, 호흡의 체계적인 자제와 통제로 되어 있는 요가 기법.

프라티야비갸나흐리다얌[pratyabhijñåh®dayam]

(문자적으로는 '재인식 원리의 핵'.) 크쉐마라자에 의하여 케쉬미르 쉐이비즘의 프라티야비갸나*pratyabhijñå* 철학을 요약한 11세기 경전. 개인들은 몸과 동일시함으로써 자신의 진정한 본성을 잃어버렸으며, 깨달음이란 내면의 숭고한 희열과 사랑을 지닌, 참나인 자신의 진정한 본성(프라티야비갸나)을

재인식하거나 재기억하는 과정이라는 것을 주로 기록하고 있음.

하타 요가 [haṭhayoga]

신체와 미세한 몸을 정화하고 강하게 하기 위한 목적으로 수행되는 신체적,
정신적 요가 수행.

해방

생사의 윤회로부터의 해방. 절대자와의 하나를 실현한 상태.

가슴

찾아보기

•

107

시다 요가의 맥에 대하여

스와미 묵타난다는 영적 일깨움의 가장 쉬운 방법은 샥티파트 즉 충분히 참나를 깨달은 영적 마스터의 에너지 전달을 통하는 것이라고 말한다. 그는 "마치 불이 켜진 초가 켜져 있지 않은 초에 불을 붙이듯, 샥티파트를 통하여 자기 내면의 에너지가 구루의 충분히 열린 에너지에 의하여 켜진다."고 말한다.

스와미 묵타난다는 샥티파트 구루였다. 1982년에 이 세상을 떠나기 전, 그는 고대로부터 내려오고 있는 이 위대한 영적 일깨움의 힘을, 5살 때부터 그에게 배운 구루마이에게 전수했다. 구루마이가 수도승의 서약을 할 때, 그는 그녀에게 '신성한 의식의 유희의 희열'이라는 의미인 스와미 치드빌라사난다라는 이름을 주었다. 그녀는 수년 동안 구루를 가까이에서 섬겼다. 묵

구루마이 치드빌라사난다

타난다의 마지막 10년 동안, 그녀는 그의 편지, 서양의 구도자들과의 담화, 그리고 이 책을 포함한 그의 거의 대부분의 책들을 번역하였다.

이제 시다 요가 마스터 계보의 수장으로서 구루마이 치드빌라사난다는, 예로부터 모든 전통의 현자들이 그러했듯이, 구도자로 하여금 그들 내에 그리고 이 우주의 모든 부분 내에 내재하고 있는 신성을 경험하도록 돕고 있다.

구루마이는 시다 요가 가르침과 수행을 여러 나라 구도자에게 전하며 폭넓게 여행하고 있다. 그녀는 시다 요가 명상의 두 주요 센터, 즉 뉴욕 주 사우스폴스버그에 있는 슈리 묵타난다 아쉬람과 인도의 마하라쉬트라 주 가네쉬푸리에 있는 구루데바 시다 피스뿐만 아니라 세계의 여러 도시에서 수많은 프로그램을 진행하였다.

구루마이는 치과를 포함한 의학 분야 그리고 지역사회 향상 프로젝트를 안내하고 지원하는 사설 자선 조직인 프라사드 프로젝트를 인도, 멕시코, 미국에서 운영하고 있다.

어느 곳을 가든 무슨 일을 하든, 구루마이는 사람들에게 그들의 내면의 힘을 일깨워 주고 바바 묵타난다의 근본적인 가르침인 "그대 자신의 참나를 명상하라. 그대 자신의 참나를 존중하라. 그대 자신의 참나를 이해하라. 신은 그대의 모습으로 그대 안에 거주하고 계신다."라는 가르침을 주고 있다.

당신의 명상을 깊게 하기 위하여

구루마이 치드빌라사난다

~~

MEDITATION INSTRUCTIONS. VOLUME ONE

구루마이 치드빌라사난다는 듣는 자를 부드럽고 자연스럽게 명상 속으로 안내하는 이 오디오 기록에서 두 세트의 명상 지침을 제공하고 있다. 그녀는 자세, 호흡하기 그리고 만트라의 반복을 통한 안내를 제공하고 있다. 구루마이는 말한다. "당신의 명상을 절대적인 확신을 갖고서 시작하라. 내면에 있는 당신 자신의 신성한 빛을 지각하는 것은 당신의 권리이다. 당신이 가슴의 동굴로 들어가는 것은 정말로 가능하다. 그것은 자연스럽다. 그것은 피할 수 없다. 그것은 일어날 것이다."

THE YOGA OF DISCIPLINE

구루마이는 "영적 길의 입장에서 보면, 수련은 신성한 성취를 기대하는 즐거움으로 가득하다."라고 말한다. 수련과 감각을 배양시키는 수행에 관한 이 책에서, 구루마이는 우리에게 이 수행이 깊은 기쁨을 가져오는 방법을 보여준다.

SMILE, SMILE, SMILE!

여러 세기에 걸쳐서, 많은 위대한 성자와 영적 마스터들은 제자의 기쁨을 위하여, 자연스럽게 흘러나오는 시 속에 그들의 가르침을 제공하였다. 《웃어라, 웃어라, 웃어라!》라는 이 책은 이러한 즐거움의 전통을 반영하고 있다. "당신의 결심을 새롭게 하라. 당신의 운명에 대하여 웃어라."라는 말을 바탕으로 삼아, 구루마이는 영적 삶의 도전과 영광을 조명하고 있다.

KINDLE MY HEART

구루마이의 책들 중 첫 번째인 이 책은 고전적인 영적 여정을 주제별로 소개하고 있다. 명상, 만트라, 감각들의 통제, 구루, 제자, 위대한 존재의 상태와 같은 장이 있다.

MY LORD LOVES A PURE HEART

두려움 없음, 존중, 자비, 분노로부터의 자유 — 구루마이는

•

114

어떻게 이 장엄한 덕목이 우리의 진정한 본성의 통합적인 부분인지를 기술하고 있다. 소개된 덕목의 목록은 바가바드 기타의 16장에 기초하고 있다.

스와미 묵타난다

WHERE ARE YOU GOING?

시다 요가 명상의 가르침에 종합적인 입문서인 이 책은 만트라, 명상 그리고 구루뿐만 아니라 마음의 성질, 참나, 내면의 힘을 탐색하고 있다.

FROM THE FINITE TO THE INFINITE

이 책은 바바 묵타난다가 서구로 여행을 하는 중에 나누었던 질문과 대답으로 되어 있다. 이 책에서 바바는 구도의 첫길에서 여정의 절정에 이를 때까지 영적 길에서 구도자가 직면하게 될지도 모르는 모든 주제들을 말하고 있다.

PLAY OF CONSCIOUSNESS

이 친숙하고 힘이 있는 자서전에서, 바바는 자신의 구루 바가완 니티아난다의 안내를 받으며 변형의 과정을 거치는 동안 자신이 경험한 참나-실현의 과정을 기술하고 있다.

MYSTERY OF THE MIND

"생각이 우리의 경험을 통제한다. 마음을 통제할 수 있고 마음이 만드는 생각의 파동을 통제할 수 있다면, 우리의 세상을 천국으로 만들 수 있다."라고 바바는 우리에게 말한다. 바바는 글자, 말 그리고 이미지의 힘에 대한 요가적 이해를 선명히 드러내며 이 지식이 우리로 하여금 마음을 우리의 가장 위대한 친구로 만드는 데 도움이 될 수 있는 방법을 설명한다.

I HAVE BECOME ALIVE

이 책에서, 바바는 내적 탐구를 지금의 삶과 통합시키는 방법을 보여준다. 그는 영적 수행, 자아, 결혼, 양육, 사랑을 경험하기, 세상을 포용하면서도 신을 얻는 것 등의 주제를 밝혀준다.

I AM THAT

THE SCIENCE OF HAMSA. FROM THE VIJNANA-BHAIRAVA.

호흡의 자연스러운 만트라의 자각인 함사의 비밀이 비갸나

바이라바라는 위대한 쉐이바이트 교본의 24구에서 선명히 드러나고 있다. 이 구에 대한 그의 주석에서, 바바는 우리를 만트라의 반복에서 오는 강한 신비 속으로 한발 한발 안내한다.

시다 요가 명상의 가르침과 수행을 더 알고 싶으면
다음 주소로 연락하면 된다.

SYDA FOUNDATION
PO BOX 600, 371 BRICKMAN RD
SOUTH FALLSBURG, NY 12779-0600, USA

TEL: 914-434-2000

혹은

GURUDEV SIDDHA PEETH
PO GANESHPURI, PIN 401-206
DISTRICT THANA, MAHARASHTRA, INDIA

www.siddhayoga.org
를 방문하세요

───────────────◆───────────────

스와미 묵타난다와 구루마이 치드빌라사난다의 책과 번역물 그리고 오디오 및
비디오 녹음물에 관한 정보를 더 원한다면 아래의 주소로 연락 바랍니다.

SIDDHA YOGA MEDITATION BOOKSTORE
PO BOX 600, 371 BRICKMAN RD
SOUTH FALLSBURG, NY 12779-0600, USA
TEL; 914-434-2000 EXT.1700

미국이나 캐나다에서 걸 수 있는 tall free 전화 888-422-3334
미국이나 캐나다에서 보낼 수 있는 tall free 팩스 888-422-3339

명상

지은이 묵타난다
옮긴이 김병채
초판 1쇄 발행일 2004년 8월 10일
    4쇄 발행일 2023년 6월1일

펴낸이 황정선
출판 등록 2003년 7월 7일 제62호
펴낸곳 슈리 크리슈나다스 아쉬람
경남 창원시 의창구 북면 신리길35번지 12-12
대표전화 (055) 299-1399
팩시밀리 (055) 299-1373
전자우편 krishnadass@hanmail.net
  카 페 cafe.daum.net/Krishnadas

ISBN 89-952705-5-1 03270
Printed in Korea

* 잘못 만들어진 책은 바꾸어 드립니다.